Vorwort

München, die Weltstadt mit Herz, ist berühmt für sein besonderes Lebensgefühl und seinen Charme. Gemütliche Biergärten, fröhliches Einkaufstreiben auf dem Viktualienmarkt mitten im Stadtzentrum und lauschige Abende in trendigen Szenekneipen, eingebettet in die bilderbuchartige Landschaft des Bayerischen Voralpenlands mit spektakulärem Bergblick. Und das nicht nur beim berühmten Münchner Föhnwetter. München und seine Vororte wirken wie ein gemaltes Bayernklischee – und damit irgendwie immer ein bisschen brav.

Aber spätestens wenn es Nacht wird, werden mit einem Male die dunklen Geheimnisse der Stadtgeschichte wieder lebendig, dann erwachen Geister, Hexen und Spukfräulein aus der Münchner Sagenwelt zu neuem Leben.

111 Spukgeschichten machen Einheimische und Besucher mit der düsteren Seite Münchens bekannt und führen sie zu Orten, die sie (so) vorher noch nicht kannten. Vor allem historische Ar und lokale, oft fast vergessene Legenden sind ein wahrer F für Orte mit Gruselgarantie, die nur darauf warten, von Ihnen entdeckt zu werden.

Es war mir eine Freude, für Sie 111 schaurige Geschichten von unheimlichen Orten in und um München zu recherchieren, die auch Ihnen einen Schauer über den Rücken jagen werden! – Ob es nun wirklich spukt in München? Es gibt Dinge, die kann man nur glauben, nicht wissen.

111 Spukorte

1 Im Wolfgangsholz

Vom Geist einer exhumierten Selbstmörderin

Im Dorf Tandern lebte einst eine junge Frau mit Namen Martha Zechbauer, genannt Matl. Sie soll eine Schönheit gewesen sein – aber leider arm. So war es ihrem Liebsten, einem Bauernsohn, nichts Ernstes mit der Matl, heiraten wollte er eine andere, eine mit Geld. Trotz aller Warnungen glaubte die Matl an seine Zuneigung, und es kam, wie es kommen musste, sie gebar ein Kind von ihm. Genau an dem Tag, an dem ihr Liebhaber Hochzeit mit einer anderen hielt.

Von Kummer überwältigt, erhängte sich die Matl. Ein junges Frauenleben war zu Ende, bevor es richtig begonnen hatte, und eilig wurde der Leichnam in der hintersten Ecke des Tanderner Friedhofs beigesetzt. Dies war aber den Tanderner Bauern gar nicht recht, denn ein alter Aberglaube besagte, dass die Beerdigung eines Selbstmörders auf einem Friedhof im Folgejahr zu einem verheerenden Hagelsturm führe. Für wenig Geld fanden sich schnell Freiwillige, die die Selbstmörderin wieder ausgruben und weit aus dem Gemeindegebiet fort ins Wolfgangsholz schafften. Mit Mistgabeln hoben sie die Leiche aus ihrem Grab und trugen sie derart aufgespießt in den rund zwei Kilometer entfernten Wald, wo sie sie notdürftig verscharrten. Hätte die Seele der Unglücklichen auf dem Friedhof vielleicht noch ihren Frieden gefunden, im Wolfgangsholz fand sie ihn nicht. Der Erste, dem der Geist der Matl dort erschien, war der Bauer, auf dessen Betreiben die Tote aus ihrem Grab geholt worden war. Direkt bei dem Kirchlein des heiligen Wolfgang, als er auf dem Weg nach Indersdorf zum Markttag war. Nach dieser Begegnung hatte der Bauer für den Rest seines Lebens ein unaufhörliches Zittern in den Händen.

Noch heute geistert die unerlöste Seele der Matl durch das Wolfgangsholz. Außer dem ruchlosen Bauern hat niemand durch ihren Anblick Schaden genommen, doch in Angst und Schrecken hat sie noch jeden versetzt, der ihrer ansichtig wurde.

Adresse Wallfahrtskirche Sankt Wolfgang, 85250 Altomünster-Pipinsried | **Anfahrt** A 8, Ausfahrt Odelzhausen, auf der Kreisstraße DAH 2 über Hohenzell und Altomünster nach Pipinsried, die DAH 2 weiter Richtung Markt Indersdorf, die Kirche Sankt Wolfgang befindet sich 370 Meter nach dem Ortsausgang auf der rechten Seite am Beginn des Wolfgangsholzes | **Tipp** In Tandern, woher die unglückliche Selbstmörderin stammt, befindet sich eine der Quellen der Ilm. Es ist ein ausgesprochen lauschiges Plätzchen mit einem kleinen Weiher, an dem sich am Abend gern Paare treffen. Vielleicht hat sich hier ja auch die Matl mit ihrem Bauernsohn getroffen?

2 Am Ludwigkreuz

Wo der Märchenkönig als Geist erscheint

War es Mord? Diese Frage stellen sich viele Bayern seit jenem schicksalhaften 13. Juni des Jahres 1886, an dem der bayerische König Ludwig II. im Starnberger See bei Berg sein Leben verlor. Nachdem der Monarch am 9. Juni auf Betreiben der Regierung entmündigt worden war, wurde er drei Tage später nach Schloss Berg verbracht. Als Aufpasser für den entmachteten König waren mehrere Wachmänner, Pfleger sowie der Irrenarzt Bernhard von Gudden abgestellt, der Verfasser des aus heutiger Sicht unhaltbaren psychiatrischen Gutachtens zur Absetzung des Monarchen. Kurz nach 18 Uhr am 13. Juni brachen Ludwig II. und Professor Gudden zu einem Abendspaziergang im Park auf, kehrten aber nicht zurück. Zunächst wurde vermutet, die beiden hätten aufgrund eines plötzlichen Regenschauers Unterstand gesucht, doch bald wurde ein Suchtrupp entsandt. Gegen 23 Uhr fand Ludwigs Leibfischer die Leichen des ertrunkenen Königs und des ebenfalls ertrunkenen Arztes keine 20 Meter vom Ufer entfernt im seichten Wasser liegen.

Der offiziellen Darstellung nach war es zu einem Kampf gekommen, als der als hervorragender Schwimmer bekannte Ludwig versuchte, über den See zu fliehen. Königstreue gingen jedoch von Mord aus, Ludwig sei erschossen worden.

1886 errichtete der Verein der Königstreuen am 25. August, dem Geburts- und Namenstag von Ludwig II., zu seinem Gedenken ein im See verankertes Holzrad. Ein Jahr später wurde es durch ein schlichtes Holzkreuz ersetzt. Zusätzlich ließ Ludwigs Mutter, Königinwitwe Marie, am Seeufer eine Totenlaterne aufstellen. Bald hieß es, dass von dieser in den Nächten des 13. Juni immer ein besonderes Strahlen ausgehe. Der unglückliche König soll sogar als Geist dort umgehen, vor allem an seinem Todestag. Ob Mord oder Unfall, in jedem Fall will der Geist wohl auf ein Unrecht hinweisen, das ihm zu Lebzeiten angetan wurde.

Adresse Gedenkkreuz unterhalb der Votivkapelle im Schlosspark Berg, 82335 Berg | **Anfahrt** A 952 Richtung Starnberg bis Ausfahrt Percha, auf der Münchner Straße in südlicher Richtung nach Berg, kurz hinter dem Ortsende rechts in die Assenbucher Straße abbiegen, nach 500 Metern beginnt rechts der Parkweg, weiter zu Fuß in nördlicher Richtung zur Votivkapelle, unterhalb befindet sich das Kreuz im See | **Tipp** Einen besonders schönen Blick auf das Ludwigkreuz hat man während einer Schifffahrt auf dem Starnberger See, die Schiffe fahren in der Regel von Ostersonntag bis Mitte Oktober (www.seenschifffahrt.de/starnberger-see).

3__Beim alten Feldkreuz

Ein seltsames Licht erscheint

Ganz versteckt steht das alte Feldkreuz an der Verbindungsstraße zwischen Höhenrain und Dorfen. Und obwohl tagtäglich viele tausend Autos auf der nur wenige Meter oberhalb verlaufenden Autobahn A 95 vorüberfahren, wird kaum jemand auf dieses Flurdenkmal aufmerksam. Dabei erregten höchst gruselige Ereignisse an diesem Ort vor knapp 100 Jahren die Gemüter der Menschen zwischen Starnberger See und Wolfratshausen.

Im Zeitraum von etwa 1910 bis Mitte der 1920er Jahre häuften sich ernst zu nehmende Berichte über ein seltsames Licht, das dort in Form einer gleißenden, frei schwebenden Kugel immer wieder beobachtet wurde.

Hing die Erscheinung mit dem Feldkreuz und seiner Geschichte zusammen? Heute weithin in Vergessenheit geraten, geben die Kreuzinschrift und die Attribute der Madonnenfigur darüber Auskunft. Während die über dem Abendmahlskelch schwebende Hostie als Hoffnungszeichen für den Jüngsten Tag ein eindeutiges Zeichen für ein Pfarrersgrab ist, kann der Gegenstand in der linken Hand Marias nicht sicher gedeutet werden. Gut möglich, dass es sich um den Rest einer heute verlorenen Fackel handelt, die zu Boden weist und damit als Memento mori ein Märtyrersymbol wäre.

Ist das Höhenrainer Feldkreuz möglicherweise ein Sühnekreuz für die Ermordung eines Pfarrers an ebendieser Stelle, dessen unsterbliche Seele zu Beginn des 20. Jahrhunderts auf sich aufmerksam machen wollte, bevor sie bildlich gesprochen ins Licht ging?

Oder stand die Lichterscheinung in Verbindung mit dem sogenannten Erdbebenschwarm, der Häufung von seismischen Sensationen im bayerischen Oberland zwischen 1910 und 1925? Solche unter dem Namen »Erdbebenlicht« bekannten Phänomene von Lichtkugeln entstehen durch elektrische Entladung an geologischen Verwerfungen bei erhöhter tektonischer Aktivität während oder schon Wochen vor einem Erdbeben.

Adresse Feldkreuz an der Wolfratshauser Straße, 82335 Berg-Höhenrain | **Anfahrt** A 95, Ausfahrt Münsing, rechts nach Münsing und in der Ortsmitte rechts auf die Höhenrainer Straße fahren, in Höhenrain rechts auf die Wolfratshauser Straße Richtung Wolfrats-hausen, das Feldkreuz befindet sich linker Hand direkt an der Autobahnbrücke | **Tipp** Nur wenige Meter vom unheimlichen Feldkreuz entfernt befindet sich das Starnberger Brau-haus, in dem kultige Biersorten wie die Starnberger Weiße oder der Starnberger Seenator gebraut werden, mit seinem Brauereiverkauf (Tel. 08151/446100, www.brauerei.bayern).

4 Am Burgstall Pienzenau

Wo die weiße Afra spukt

Es war eine Liebe, wie es sie kein zweites Mal gibt: Georg von Pienzenau aus dem altehrwürdigen bayerischen Adelsgeschlecht derer von Pienzenau und die bürgerliche Afra Grundinger verliebten sich ineinander. Dass Afra die Haushälterin auf der Burg des Edlen war und das Paar offen zusammenlebte, störte eigentlich niemanden. Erst die Hochzeit der beiden machte die Verbindung zu einem Skandal – um den sich das Paar nicht weiter scherte. Dazu war die Liebe viel zu groß.

War dies der Grund dafür, dass sich Afra nach dem Tod ihres Mannes in geistiger Umnachtung vom Pienzenauer Burgturm stürzte? Als Selbstmörderin wurde sie umgehend an Ort und Stelle bestattet, ein Denkmal am Fuße des an dieser Stelle steil abfallenden Burgbergs erinnert noch heute an sie. Dabei wäre eine steinerne Erinnerung gar nicht notwendig gewesen.

Denn schon in der Nacht nach ihrem Ableben soll Afra in durchscheinender Gestalt und weißem Kleid durch die Gänge der Burg gewandelt sein, eine regelmäßige Spukerscheinung, bis Burg Pienzenau 1816 abgerissen wurde. Seitdem zeigte sich die Weiße Frau nur noch selten, am ehesten kann sie rund um die noch bestehende Burgkapelle angetroffen werden.

Eine ergreifende Spukgeschichte, deren Entstehung aber möglicherweise gar nicht die Bestrafung einer Selbstmörderin zugrunde liegt. Denn als Afra 1566 starb, war ihr Mann bereits seit zehn Jahren tot – für eine Verzweiflungstat ist die Zeitspanne eigentlich zu lang. Zudem war Afra wie ihr Gatte gläubige Anhängerin der Lehre Luthers, was ebenfalls gegen einen Selbstmord spricht. Vielleicht ist das Testament Georg von Pienzenaus der Schlüssel zum Tod Afras, denn aufgrund ihrer Kinderlosigkeit übertrug der Edelmann das gesamte Pienzenauer Vermögen mit seiner Frau als Vorerbin auf eine soziale Stiftung, die auch tatsächlich bis 1943 bestand. Wurde Afra vom Turm gestoßen, weil sie sich weigerte, das Testament zu ändern?

Adresse Burgstall Pienzenau, Schloßstraße, 85567 Bruck-Wildenholzen | **Anfahrt** A 99, Ausfahrt Haar, auf der B 471 Richtung Ebersberg bis Zorneding, dort auf die Kreisstraße EBE 12 nach Moosach, weiter auf der Doblbachstraße zur Kreisstraße EBE 13, diese überqueren und auf der Schloßstraße nach Wildenholzen fahren, Parkmöglichkeit am Fuße des Burgstalls | **Tipp** Von Wildenholzen aus kann man das Kunstwerk der steinernen »Arche« besuchen. Der Künstler Hannsjörg Voth hat dafür in 24 Granitfindlinge 406 Namen von stark gefährdeten oder bereits ausgestorbenen bayerischen Tierarten eingraviert (vom Denkmal bergauf bis zum Filzenweg, nach 580 Metern halb rechts über einen Feldweg zum »Burgholz«, hinter dem Wald ein Sträßchen überqueren und geradeaus auf eine Kreuzung zugehen, hier rechts).

5___Auf der Berghamer Leite

Das Burgfräulein vom Schreckenstein

Der Parkplatz am Ortsrand von Bruckmühl liegt nur wenige hundert Meter vom Zentrum des belebten Marktes entfernt – doch es hat den Anschein, dass man hier in eine ganz andere Welt eintaucht. Wenige Schritte von der Straße entfernt ist man bereits von dunklem Wald umschlossen, jäh fällt vor einem die Berghamer Leite gute 50 Meter zum Alten Triftbach hin ab, der sich von hier oben aus unsichtbar durch dichten Auenwald zieht.

Nur hier und da blitzt eine der vielen Restwasserflächen durch das Blattwerk. Der Waldboden schluckt jeden Schritt, gespenstisch lautlos führt der Pfad immer an der Geländekante entlang die Anhöhe hinauf. Der Wald ist von einer Vielzahl kleiner Gräben durchzogen, tatsächlich erstreckt sich auf einer Fläche von etwa drei Fußballfeldern die Befestigungsanlage einer alten Burg, um die sich eine schaurige Sage rankt.

Nachdem der Burgherr von Heiden erschlagen worden war, wollten diese sich, vom Kampf berauscht, an der tugendhaften Tochter des Hauses vergehen. Als das Mädchen ahnte, welches grausame Schicksal ihr bevorstand, bat sie ihren Vater und den Herrgott selbst in einem Stoßgebet um Vergebung – und stürzte sich in die Tiefe. Doch Selbstmördern kann keine Vergebung gewährt werden, und so ist das Burgfräulein vom Schreckenstein bis heute an den Ort ihrer Sünde gefesselt, wo sie als weiße Gestalt zwischen den Bäumen erscheint.

Lokale Überlieferungen erzählen, dass sich die Burg einst im Besitz der Holnstainer befand, ihre Ursprünge reichen jedoch dem Historiker Theodor Wiedemann zufolge bis in die Epoche des bayerischen Ur-Adelsgeschlechts der Fagana während der Besiedelung Bayerns vor dem 10. Jahrhundert zurück. Dies würde auch mit dem Ursprung der Sage um das Burgfräulein vom Schreckenstein zusammenpassen, der sich entsprechend in die Zeit der Ungarneinfälle Ende des 1. Jahrtausends einordnen lässt.

Adresse Berghamer Leite, 83052 Bruckmühl | **Anfahrt** A 8, Ausfahrt Hofoldinger Forst, rechts nach Aying und weiter auf der St 2078 nach Bruckmühl, rechts in die Kirchdorfer Straße und nach 850 Metern rechts in die Berghamer Straße, Parkplatz nach 680 Metern linker Hand im Wald (Wegweiser »Ritter-von-Holnstain-Rundweg«), zu Fuß 20 Meter auf der Forststraße, dann links die Leite hinauf | **Tipp** Der Besuch vom Schreckenstein eignet sich gut als Radlausflug ab dem S-Bahnhof Kreuzstraße (S 7). Die Route führt über Grub nach Aschbach und von hier über den gut ausgeschilderten Mangfall-Radweg am Fluss entlang direkt nach Bruckmühl.

6 Am Giglberg
Ein Schloss, Geisterhunde und ein Ross

Über 1.000 Jahre ist es schon her, dass auf dem Dachauer Giglberg eine Burg stand. Vermutlich war es eine Wasserburg, aus Holz
auf einem kleinen Hügel errichtet, rundum von den Altwasserar-
men der Amper umgeben und damit bestmöglich vor Feinden ge-
schützt.

Burgherr war Ritter Arnold, der das Volk auf jede erdenkliche
Weise knechtete, junge Frauen verschleppte und die Abgabenlast
für die Bauern ins schier Unermessliche steigerte, um seine wilden
Gelage zu finanzieren. Eines der schweren Sommergewitter, für die
das Dachauer Land berüchtigt ist, brachte Arnold seine gerechte
Strafe. Schwärzer als jemals zuvor zogen die Wolken am verfärbten
Horizont auf, die Sonne hatte sich längst verfinstert. Während die
frommen Bauern auf Knien um Schonung für sich und ihre Ernte
beteten, feierte der Ritter ein ausgelassenes Fest. Da durchzuckte ein
gleißender Blitz das Dunkel des Sturms, mit dem darauffolgenden
Donnerschlag tat sich die Erde auf, und die Burg versank mit allen,
die sich darin befanden.

Geblieben ist nur mehr der Burghügel, der an die düstere Vergangenheit des Giglbergs erinnert – und einige finstere Gestalten. Nacht
für Nacht sollen die Burghunde aus dem Höllenschlund zurückkehren, ihre Augen glühen wie brennende Kohlen inmitten des langen,
struppigen Fells. Wessen sie habhaft werden, der wird von ihnen zu
Tode gehetzt – so heißt es zumindest. Bislang sind allerdings keine
Todesfälle durch Hundehatz in diesem Gebiet bekannt.

Weniger gefährlich, aber mindestens genauso unheimlich ist der
Geisterschimmel vom Giglberg, ein mächtiges Tier, das im frühen
Morgengrauen mit donnerndem Hufschlag vom Giglberg zur Amper jagt. Mit seinem feurigen Schweif peitscht es die Erde auf, und
aus seinen Nüstern quillt schwarzer Rauch. Den Menschen wird das
Tier nicht gefährlich, zum Glück, denn es wird immer wieder berichtet, dass es dort gesehen wurde.

Adresse Burgstall Giglberg, Brucker Straße 75 und Heinrich-Nicolaus-Straße 9, 85221 Dachau | **Anfahrt** A 99, Ausfahrt Ludwigsfeld, auf der B 304 nach Dachau bis zur Schillerstraße, links abbiegen und dem Straßenverlauf über die Ludwig-Dill-Straße bis zur Brucker Straße folgen, nochmals links zweigt nach 360 Metern die Heinrich-Nicolaus-Straße ab, Parkplatz am Friedhof | **Öffnungszeiten** westlicher Hügel an der Heinrich-Nicolaus-Straße frei zugänglich (der östliche höhere Giglberg ist privat und nicht zugänglich) | **Tipp** Um das alte Burgareal in seiner ganzen Ausdehnung aufnehmen zu können, empfiehlt sich ein Spaziergang entlang des südseitigen Amperufers. Als Startpunkt eignet sich das Restaurant Alte Liebe an der Amper (Im Lus 4, www.alteliebe-dachau.de).

7_Auf dem alten Gottesacker

Wer über Irrlichter lacht, der wird es büßen!

Spuk übermütig auf die leichte Schulter zu nehmen ist keine gute Idee, auch wenn man jung und durch ein paar Bierchen recht übermütig ist. Diese Erfahrung mussten erst vor wenigen Jahrzehnten zwei Handwerksgesellen machen, die in der Dachauer Altstadt einen feuchtfröhlichen Abend verbracht hatten. Dabei hätten sie es besser wissen müssen, denn schon seit frühester Kindheit hatten sie die unheimlichen Geschichten vom alten Gottesacker gehört.

Als die hygienischen Zustände in der engen Siedlung unterhalb des Dachauer Schlosses Seuchen hervorzurufen drohten, war die Anlage eines jenseits des Marktgrabens gelegenen Friedhofs die einzige Möglichkeit, diese Gefahr abzuwenden. Doch es sollte noch 50 Jahre dauern, bis der Gottesacker ein Kirchlein bekam. Um 1628 stiftete der Dachauer Stadtverwalter Wilhelm Jocher die Gottesackerkapelle mit ihrer ungewöhnlichen achteckigen Form. Eine Bauweise, die vor allem dort zu finden ist, wo es unheimlich zugehen soll. Wurde die Kapelle deshalb so gebaut, weil damals bereits die Rede von unerlösten Seelen und Irrlichtern war, die den Gottesacker heimsuchten? Immerhin hatte der Friedhof 50 Jahre lang keine Kirche gehabt, viele Tote mögen ohne den letzten Segen zu Grabe getragen worden sein! Auch die Errichtung einer Totenlaterne unterhalb der Turmspitze spricht für den baumeisterlichen Leitgedanken, eine Heimstatt für diese Seelen zu schaffen.

Zunächst scheint der Plan aufgegangen zu sein, die Irrlichter wurden nicht mehr gesehen. Vielleicht war es die Umgestaltung zum Kriegerdenkmal nach dem Ersten Weltkrieg, die die Geister wieder rief – und dazu auch noch wilde Geisterhunde!

Die beiden Burschen aber ließen sich von diesen Erscheinungen nicht beirren, vielmehr lachten sie darüber.

Da geschah es, dass ein jeder von ihnen unvermittelt eine solch saftige Ohrfeige von unsichtbarer Hand bekam, dass er davon schwer zu Boden stürzte.

Adresse alter Stadtfriedhof, Gottesackerstraße 12, 85221 Dachau | **Anfahrt** A 99, Ausfahrt Ludwigsfeld, auf der B 304 nach Dachau und weiter im Straßenverlauf auf der Münchner Straße und Ludwig-Thoma-Straße bis zur Mittermayer Straße, dort links abbiegen und 350 Meter bis zur Augsburger Straße fahren, nochmals links und gleich wieder links in die Gottesackerstraße | **Öffnungszeiten** April–Okt. täglich 8–19 Uhr, Nov.–März Mo–Fr 8–17 Uhr, Sa, So und Feiertage 9–17 Uhr | **Tipp** Ein anderer unheimlicher Ort in der Dachauer Altstadt ist die Hexengasse. Noch heute sollen die »überführten« Hexen, unter anderem die Metzgersgattin Jakobe Hillerin, dort umgehen.

8 Im Pumperwäldchen

Wilde Feuerreiter als Erinnerung an die Schweden

Wenn schon der Ortsname auf Unheimliches hinweist, liegt die Vermutung, es mit einem richtigen Spukort zu tun zu haben, nicht fern. In einer geologischen Staulage, wo die wasserdurchlässige Kiesschicht der Münchner Schotterebene auf die Barriere des tertiären Hügellands stieß, breitete sich einst das weitläufige Dachauer Moor aus. Wenige Menschen lebten in der von anstehendem Grundwasser durchtränkten Landschaft, rund um die abgelegenen Einöden stiegen nicht nur an späten Herbsttagen dichte Nebel auf. Einer dieser Weiler war Webling, dessen Name sich von »wabern«, also vom Schwanken des sumpfigen Wiesengrunds, ableitet. Eine Wohnsituation, die bestenfalls unheimlich ist.

Besonders unheimlich soll es im Weblinger Pumperwäldchen sein, »pumpern« bedeutet im Bayerischen so viel wie klopfen – also spuken. Es heißt, in Flammen gehüllte Reiter würden dort mit großen Glocken infernalischen Lärm verbreiten, begleitet von dämonischem Trommelwirbel und ihren hinter ihnen einherschreitenden Dienern, die Fackeln trügen und die Feuer noch mehr anfachten. Alles würden sie niederreiten, bevor sie endlich durch den Hell-Graben wieder verschwänden. »Hell-Graben«, noch solch ein bezeichnender Flurname ...

Möglicherweise bezieht sich die Legende auf den Überfall durch schwedische Soldaten im Dreißigjährigen Krieg: Sie plünderten Webling, ermordeten die Bewohner und steckten die Gehöfte in Brand. Erst Siedler vom Samerberg bei Rosenheim, denen Kurfürst Maximilian das Land zu günstigen Konditionen überlassen hatte, bauten die Brandstätten wieder auf.

Ob mit oder ohne Schweden, das Pumperwäldchen ist ein unheimlicher Ort geblieben, was vielleicht nicht zuletzt auch daran liegt, dass sich dort direkt hinter der Kirche das inzwischen leere Massengrab der Opfer der als »The Webling Atrocity« in die Geschichte eingegangenen Erschießung von über 40 deutschen Soldaten befindet.

Adresse Pumperwäldchen, 85221 Dachau-Webling | **Anfahrt** A 92, Ausfahrt Oberschleiß-heim Richtung Dachau, weiter auf der Schleißheimer Straße bis zum Theodor-Heuss-Ring, rechts abbiegen und bis zur Sudetenlandstraße, links dem Straßenverlauf bis zur Freisinger Straße folgen, dort wieder rechts, nach 200 Metern links in den Weblinger Weg, Parkmöglichkeit nach 1,3 Kilometern an der Straße, von dort zum Wäldchen hinter der Kirche | **Tipp** Der heute mit einem Windrad überbaute Hohe Berg, 900 Meter nordöstlich von Webling, galt mit seiner Aussicht auf Mooswiesen, München und die Alpen als »Dachauer Malerwinkel«, wo sich im 19. Jahrhundert Künstler wie Carl Spitzweg, Eduard Schleich der Ältere oder Lovis Corinth trafen.

9 Bei der Schimmelkapelle

Geistertreiben auf dem Georgibichl

Mehr Spukgestalten auf einmal gehen eigentlich gar nicht. Schon der Name der unter dem Patrozinium des heiligen Georg stehenden Kapelle geht auf eine gruselige Begebenheit zurück. Einst soll sich rund um die Kapelle eine Pferdeweide befunden haben, auf der ein ebenso prächtiger wie ungestümer Schimmelhengst stand. Wegen eines plötzlichen Donnerschlags versäumte eines Abends ein später Beter bei seinem hastigen Aufbruch, die Kapellentür hinter sich zu schließen. Wohl auf der Suche nach Unterschlupf vor dem Unwetter geriet das Pferd in die Kapelle und war dort gefangen, nachdem ein Windstoß die Türe zugeschlagen hatte. Erst zehn Tage später wurde sein Kadaver gefunden, seitdem soll der Schimmel in der Kapelle umgehen.

Erstaunlicherweise befand sich an der Stelle der heutigen Kapelle früher ein keltischer Brandopferplatz, an dem vornehmlich Pferde geopfert wurden. Auch das Patrozinium des heiligen Georg, des Ritters zu Pferde, gibt darauf einen deutlichen Hinweis: Georgikapellen stehen häufig an vorchristlichen Kultorten, an denen der Ritter den Erdendrachen – das Symbol für den alten Glauben – erstochen haben soll. Es mag sich vielleicht um jenen Drachen handeln, von dem einst die Isarflößer berichteten. Das Untier soll an späten Sommerabenden feuerspeiend den Georgibichl überflogen haben.

Heute noch angetroffen werden kann dagegen die Birnhexe. Allerdings sollte man solch ein Aufeinandertreffen tunlichst vermeiden, denn jedem, dem die wie eine Druidin aus alter Zeit gekleidete Frau begegnet, soll ein schreckliches Schicksal bevorstehen – Einzelheiten erwähnt die Überlieferung aus Pietätsgründen nicht.

Eine Verbindung der ersten drei Spukgestalten zum Geisterhund an der Schimmelkapelle, der regelmäßig um Mitternacht dort erscheinen soll, ist nicht bekannt. Vielleicht fand er das geisternde Miteinander auf seiner Suche nach einer adäquaten Bleibe einfach besonders nett.

Adresse Sankt-Georgs-Kapelle auf dem Georgibichl, Feldstraße 9, 83623 Dietramszell-Ascholding | **Anfahrt** A 95, Ausfahrt Wolfratshausen, weiter auf der B 11 Richtung Geretsried, am Kreisverkehr auf die St 2369 Richtung Bad Tölz abbiegen, nach der Isarbrücke links auf die St 2072 Richtung Ascholding, nach 2,9 Kilometern am Feldweg unterhalb des Georgibichls parken, 300 Meter hinauf zur Kapelle | **Öffnungszeiten** nur von außen zu besichtigen | **Tipp** Eine weitere besonders sehenswerte Kapelle in Ascholding ist die Kindswieskapelle. Sie wurde im 19. Jahrhundert von einem Ascholdinger Bauern als Dank für die Wiederauffindung seines Kindes nach vielen Tagen der Suche gestiftet und ist heute ein Wallfahrtsziel für alle Sorgen und Nöte rund um Kinder (dem am Gasthaus Holzwirt beginnenden Waldweg für 560 Meter bis zu einem Wegkreuz folgen, weiter links bis zu einem zweiten Wegkreuz, dann links).

10__Rund um das Dorf Berg

Drei Fräulein und andere Gespenster

Wo könnte sich die bayerische Voralpenlandschaft malerischer präsentieren als im kleinen Dorf Berg im Tölzer Land! Entlang der Dorfstraße reihen sich trutzige Bauernhöfe aneinander, der Blick von der Berger Anhöhe reicht weit über saftige Wiesen hinweg zur Kette der Bayerischen Alpen. Nur das kleine Kirchlein »Maria Dolorosa« mag so gar nicht in das fast schon klischeehaft kitschige Ortsbild passen, trotz seines barocken Zwiebeltürmchens. Vom moosüberzogenen Dach bis zu den feuchten Grundmauern, von denen sich schwarze Schatten die Außenwände hinaufziehen, strahlt das Gebäude etwas Unheimliches aus. Tatsächlich ist Berg einer der heimgesuchtesten Spukorte Oberbayerns – wenn man den alten Geschichten Glauben schenken will.

Bevor die Pergen genannte Siedlung 1329 in den Besitz der Augustinerchorherren von Dietramszell kam, befand sich dort ein herrschaftlicher Ansitz. Der Sage nach war die Burg von drei adeligen Damen errichtet worden, zwei von ihnen sollen weiß, eine halb weiß und halb schwarz gewesen sein. Nachdem ihre Burg in klösterliche Hände übergegangen war, zogen sich die Fräulein in verborgene unterirdische Gänge zurück. Nur an Johanni (24. Juni) zeigen sie sich den Menschen. Wer sie sieht, muss keine Furcht haben – sie sind stets freundlich. Ist die Sage ein Hinweis auf einen alten Kult zur Zeit der Sommersonnenwende oder »nur« auf das Vorhandensein von sogenannten Erdställen?

Eine andere Sage erzählt ebenfalls von diesen unterirdischen Gängen, die noch auf ihre Entdeckung warten: Dort, in einem Kellerraum unterhalb des Kirchleins, sowie entlang des gesamten Höhenzugs oberhalb des Locher Felds sollen wilde Gespenster ihr Unwesen treiben. Im Gegensatz zu den freundlichen Fräulein sind sie darauf aus, die Menschen zu erschrecken. Bei Dunkelheit und wenn tagsüber dunkle Wolken aufzogen, mieden früher vor allem Kinder diese Orte.

Adresse 83623 Dietramszell-Berg | **Anfahrt** A 99, Ausfahrt Holzkirchen, weiter nach Holzkirchen und von dort auf der St 2573 nach Otterfing, hier rechts auf die Dietramszeller Straße abbiegen, dem Straßenverlauf bis Steingau folgen, dort rechts in die Otterfinger Straße nach Baiernrain und weiter nach Berg | **Tipp** An der Fraßhauser Straße zwischen Baiernrain und Steingau befindet sich eine außergewöhnliche Backsteinkapelle mit Lourdesgrotte inmitten eines Lärchenhains, die nicht nur zum Beten, sondern mit der gemütlichen Holzbank auch zur Brotzeit einlädt.

11 Am Räuberbichl

Räubertreiben und gestörte Rittersruh

Auf dem Räuberbichl bei Rampertshofen soll einst eine Burg gestanden haben. Üble Raubritter sollen darin gewohnt, ihre wilden Gelage gefeiert und von ihrer strategisch hervorragenden Position aus den entlang der Isar passierenden Flößern wie Fuhrleuten übermäßig hohe Wegezölle zur Finanzierung ihres liederlichen Lebenswandels abverlangt haben.

Das wüste Treiben ging so lange gut, bis es den Landesherren zu viel wurde und sie die Ritter töten und die Burg bis auf die Grundmauern schleifen ließen. Doch ganz vertreiben ließen sich die Rampertshofer nicht. Nun zwar körperlos, doch als schwarze Wolken durchaus sicht- und vor allem spürbar, sollen sie noch heute ihr Unwesen treiben und vor allem Frauen, die auf den Feldern arbeiten, heimsuchen.

Gewitter, die die Isar heraufziehen, entladen sich besonders heftig am Räuberbichl, meist steht zuvor eine schwarze Wand über den Wiesen. Dies ist auch der Zeitpunkt, an dem sich die Weißen Fräulein zeigen. Zu dritt schreiten oder vielmehr schweben sie über die Erde, als Warnung, dass bald ein Unheil geschehe. Beim ersten Donnerschlag dann sind sie wieder wie vom Erdboden verschluckt.

Bis in die 1950er Jahre galt all dies einfach als kleine Gruselgeschichte ohne tieferen Hintergrund, dann brachten Restaurierungsarbeiten an der Rampertshofener Kirche handfeste Beweise. Direkt an der Kirchenmauer wurde das Grab eines Ritters samt Schwert entdeckt. Mehrfach soll seine schemenhafte Figur daraufhin am Räuberbichl gesehen worden sein, so lange, bis das Grab wieder geschlossen war. 300 Meter entfernt wurde im Bereich der Hangkante zur Isar gleichzeitig das gemauerte Fundament eines Gebäudes entdeckt, das offensichtlich vollständig dem Erdboden gleichgemacht worden war; direkt daneben hebt sich auf dem Feld ein Kreis von etwa sechs Metern Durchmesser von der Umgebung ab. Möglicherweise der Standort des ehemaligen Burgturms?

Adresse Räuberbichl, 83623 Dietramszell-Rampertshofen | **Anfahrt** A 95, Ausfahrt Wolfratshausen, weiter auf der B 11 Richtung Geretsried, am Kreisverkehr 3. Ausfahrt auf die St 2369 nehmen und der Straße für 3,5 Kilometer folgen, dann rechts und nach 700 Metern links nach Rampertshofen abbiegen, nach 800 Metern Feldweg rechts auf den Räuberbichl, Parkmöglichkeit | **Tipp** Am Fußweg von Rampertshofen nach Einöd an der Isar befindet sich auf halbem Weg eine als steinernes Marterl ausgeformte Pietà undatierten Alters mit einer rätselhaften Inschrift: »Liebes Kind, wo gehst du hin – wisse, dass ich die Mutter bin. Wer liebt dich so viel wie ich – so bleib doch still und grüße mich.«

12 An der Hubertuskapelle

Wo die Weiße Frau einen Unfallfahrer sucht

Neben der breit angelegten Ausschlachtung des »Lost-Place«-Tourismus erfreut sich die Weitergabe von richtig echten Spukorten bei einer steigenden Zahl von Internetbloggern größter Beliebtheit. Sind die Storys rund um diese Orte auch nicht immer in erfüllender Tiefe überprüfbar, so ist ihr Gruselfaktor doch oft nicht unbeträchtlich. Eine dieser Locations ist die Hubertuskapelle im Ebersberger Forst.

Direkt vor der Kapelle soll sich in den 1920er – andere Quellen sagen in den 1940er – Jahren ein folgenschwerer Unfall ereignet haben, bei dem eine junge Frau überfahren und sterbend auf der Straße zurückgelassen wurde. Es ist weder bekannt, wer die Frau, noch, wer der Unfallfahrer war; tatsächlich ist nicht einmal sicher, ob es in der ersten Hälfte des 20. Jahrhunderts dort überhaupt einen Unfall gegeben hat. Dennoch schwören viele Menschen, dem Spuk begegnet zu sein. Spät in der Nacht soll eine Frau mit weißem Gewand in Höhe der Hubertuskapelle an der tagsüber viel, nachts aber nur wenig befahrenen Verbindungsstraße zwischen Ebersberg und Markt Schwaben im Ebersberger Forst stehen, die die Autofahrer mit Handzeichen um Mitnahme zu bitten scheint. Wer anhält und die Frau mitnimmt, dem geschieht nichts, kurz vor dem Ende des Waldes löst sie sich in unerklärlicher Weise in Luft auf. Wer achtlos an ihr vorüberfährt, dem wird Schlimmes geschehen. Nach wenigen Metern erscheint die Frau auf der Rückbank des Wagens und greift von hinten in das Lenkrad. Manch einen nächtlichen Unfall soll der Geist so schon provoziert haben.

Tatsächlich ist eine deutlich erhöhte Unfallzahl in Nähe der Kapelle dokumentiert, obwohl die Straße dort gut ausgebaut ist und relativ gerade verläuft. Rund um den Hubertustag am 3. November brennen häufig Kerzen in der dem Jagdheiligen geweihten Waldkapelle, ihre flackernden Schatten haben schon so manchen das Gruseln gelehrt …

Adresse Hubertuskapelle, St 2018 an der Kreuzung zum Kapellen-Geräumt, Ebersberger Forst | **Anfahrt** A 94, Ausfahrt Forstinning, direkt auf die St 2080 und dem Straßenverlauf in Richtung Ebersberg folgen, die Hubertuskapelle befindet sich nach 6 Kilometern auf der linken Seite | **Tipp** Im Ebersberger Forst beim Forsthaus Diana ist der letzte oberbayerische Köhler beheimatet – eine bessere Grillkohle als die aus dem Ebersberger Forst kann man kaum bekommen! (Köhlerei Perfler, St. Hubertus 1, Tel. 08091/3397, www.koehlerei-perfler.jimdo.com)

13_Am Burgstall Roggenstein
Erdgeister und gute Fräulein

Wie die meisten ehemaligen Burgen im Münchner Umland befand sich auch die Burg Roggenstein auf einem eiszeitlichen Geländesporn, hier oberhalb des Ampertals auf der Emmeringer Leite. Es ist eine imposante Anlage. Durch zwei tiefe Gräben von den Vorburgen getrennt, zeigt sich die klar erkennbare Hauptburg als wehrhaft oberhalb weit abfallender Steilhänge. Schritt für Schritt, den man den Pfad erklimmt, wird der Wald dichter, hallen die Schritte seltsam dumpf. Vielleicht weil sich im Inneren des Hügels einer der geheimnisvollen Erdställe befindet? Allerlei Geister sollen in diesem wie in den anderen über 20 bekannten Erdställen rund um München ihr Unwesen treiben, doch nichts Genaues weiß man nicht. Genauso ist die Funktion dieser hochmittelalterlichen Höhlensysteme nach wie vor ungeklärt. Zartbesaitetere Konstitutionen sind deshalb oft nicht unglücklich, wenn sie sehen, wie gründlich hier der Zugang in die Unterwelt verschlossen ist. Und sind froh, wenn sie auf der freien Fläche des Burgplateaus angelangt sind – nur um sich an einem helllichten Sommertag unversehens exerzierenden Rittern in voller Rüstung gegenüberzusehen. Die sich aber nach dem ersten Schreck als harmlose Mittelalter-Rollenspieler entpuppen.

Dennoch bleibt ein seltsames Gefühl, auch wenn der Ort bei Tageslicht nicht direkt gruselig wirkt. Vielleicht liegt es ja an den vielen Sagen, die sich rund um den Roggenstein spinnen. Am Allerseelentag (2. November) soll man hier glockenhellen Gesang vernehmen, worauf drei Fräulein erscheinen.

Zwei von ihnen sind weiß gekleidet, die dritte trägt ein schwarzes Kleid und hat kupferrotes Haar. Spaziergängern sollen sie duftende Sommerblumen schenken, die den ganzen Winter lang nicht verblühen, junge Mädchen bekommen von ihnen den Stoff für ihr Hochzeitskleid.

Keine bösen Geister also, einfach Wesen aus einer anderen Welt …

Adresse Burgstall Roggenstein, 82223 Emmering-Oberroggenstein | **Anfahrt** A 99, Ausfahrt Germering-Nord, auf der B 2 in Richtung Fürstenfeldbruck fahren und nach 4,3 Kilometern rechts nach Eichenau/Olching abbiegen, dem Straßenverlauf bis zum Kreisverkehr nach der Bahnunterführung folgen, dort in die Roggensteiner Allee und nach 660 Metern links an einer Bahnunterführung parken, zu Fuß unter der Unterführung hindurch auf die Anhöhe der Emmeringer Leite, der Pfad auf die Burg befindet sich 180 Meter hinter dem Zugang zum Gut Roggenstein, dort ist auch der verschüttete Eingang zum Erdstall | **Tipp** Ein mittelalterliches Kleinod ist die Sankt-Georgs-Kapelle auf der nördlichen Vorburg, die einst der heiligen Margarete geweiht war – ein Hinweis auf die Sagengestalt der drei Fräulein, die im Alpenraum typischerweise auch als die Heiligen Margarete, Barbara und Katharina auftreten (Oberroggenstein 1, www.roggenstein.eu).

14 Am Friedhof Sankt Ottilien

Am Grab von Pater Frumentius

Der Friedhof der Erzabtei Sankt Ottilien ist nicht nur eine Besonderheit, da er auf einem vorchristlichen Kultort angelegt ist, hier soll auch der Geist eines der weisesten und spirituellsten Männer des vergangenen Jahrhunderts manifestiert sein.

Geboren 1908 in Schwaben, kam Franz Xaver Renner, so der bürgerliche Name des Pater Frumentius, bereits als zwölfjähriger Schüler nach Sankt Ottilien, wo er bis zu seinem Tod im Jahre 2000 lebte und arbeitete. Seine Aufgaben waren breit gefächert, neben der hauptamtlichen Tätigkeit als Seelsorger und Lateinlehrer am Klostergymnasium wirkte er als Organist, Buchautor, Rutengeher und Heilkundiger. Sein Wirken könnte als das eines Universalgelehrten bezeichnet werden, denn in jeder seiner einzelnen Tätigkeiten zeichnete er sich durch besonderes Wissen und Gespür aus. Seine Intuition war ebenso ungewöhnlich wie seine Methoden: Pendel und Wünschelrute, geweihtes Öl, Salz und Wasser gehörten zu seinen üblichen Arbeitsgeräten – dies hält auch der Nekrolog des Erzabts fest. Die Heilkunst des Paters durch Krankensalbungen und Handauflegen war weithin berühmt, seine Erfahrung als Rutengeher geschätzt, sein Wirken als Exorzist höchst geachtet und sein Rat als Seelsorger so gefragt, dass sein Sprechzimmer meist umlagert war. Über mehrere Jahre war Pater Frumentius Beichtvater des damaligen Kardinals Josef Ratzinger, dem er im Jahre 1994 seine Wahl zum Papst vorausgesagt haben soll. Bereits zu Lebzeiten galt Pater Frumentius als prophetischer Geist und unangefochtener Fachmann in allen paranormalen Fragen.

Die vielen Kerzen und Täfelchen an seinem Grab erzählen von der tiefen Verehrung, die er noch heute genießt. Leiser sind die Stimmen, die davon erzählen, dass ihnen der weise Benediktiner ebendort erschienen sei und es auch zu anderen außergewöhnlichen Wahrnehmungen kam. Leiser zwar, doch es werden immer mehr.

Adresse Klosterfriedhof Sankt Ottilien, Erzabtei 1, 86941 Eresing-Sankt Ottilien, www.erzabtei.de | **Anfahrt** A 96, Ausfahrt Windach, auf der Kreisstraße LL 13 Richtung Geltendorf, nach Eresing rechts nach Sankt Ottilien abbiegen, vom Parkplatz aus auf die diagonal gegenüberliegende Seite der Klostersiedlung zum Friedhof gehen, das Grab von Pater Frumentius befindet sich an der westlichen Außenmauer auf der untersten Ebene des Friedhofs | **Öffnungszeiten** tagsüber immer zugänglich | **Tipp** Im klostereigenen Hofladen (www.erzabtei.de/hofladen) kann eine direkt in Sankt Ottilien hergestellte Brotzeit erworben werden, für deren Verzehr sich ein schattiges Plätzchen am zentral gelegenen Klosterweiher anbietet.

15 Am Gelben Haus

Schatten auf der Waldlichtung

Vor allem in nebeligen Herbstnächten sollen sich im Bereich der Spitzelsgräben im Forstenrieder Park auf der Waldlichtung am Gelben Haus und auf den Waldwegen in Richtung Marien-Geräumt mehrere unheimliche Schattengestalten zeigen.

Es war vormals ein vornehmes Jagdschlösschen, das sich Kurfürst Karl Albrecht im Jahre 1701 von seinem Hofbaumeister Josef Effner errichten ließ. Seinen Bauherrn überlebte es allerdings nur als Ölbild im Jagdzimmer der Amalienburg im Nymphenburger Schlosspark, dem sparsamen Thronerben war der Unterhalt der Jagd-Dependance zu teuer, obwohl der Forstenrieder Park weiterhin intensiv als Jagdrevier, Hutewald und für die Holzwirtschaft genutzt wurde. 1842 erfolgte der Neubau des Gelben Hauses als Unterkunft für Waldarbeiter und Förster, allerdings in wesentlich kleinerem Rahmen. Hauptaufgabe der Revierförster war die Pflege des Wildbestands – und der damit verbundene Kampf gegen die Wilderei. Oftmals bezahlten sie diesen Kampf sogar mit dem Leben. Bereits 1701 wird die Grüne Marter erwähnt, eine Gedenktafel für einen von Wilderern erschossenen Jäger.

Er sollte nicht der einzige Tote bleiben. Der bekannteste Waldmord geschah im Oktober 1920, als die gerade erst 19-jährige Dienstmagd Maria Sandmayer zum ersten Opfer der rechtspolitisch motivierten Fememordserie wurde. Der Täter wurde nie zur Rechenschaft gezogen.

Ist es ihr Schatten, der auf der Suche nach Gerechtigkeit zwischen Olympiastraße und Karolinen-Geräumt durch den Wald streicht? Oder ist es der von Wilderern erschossene Jäger? Manche sind auch der Meinung, Forstmeister Friedrich Goebel fände keinen Frieden und trauere noch immer an den von ihm 1918 gepflanzten Brüdereichen um seine in Flandern gefallenen Söhne. Oder sind es doch keine Schatten, sondern nur die Silhouetten der vielen Wildschweine, Dam- und Rothirsche, die dort den Forst bevölkern?

Adresse Gelbes Haus, Ludwigs-/Ecke Karolinen-Geräumt, Forstenrieder Park | **Anfahrt** A 95, Ausfahrt Fürstenried, geradeaus auf die Olympiastraße St 2065, nach 4,3 Kilometern rechts unter der Autobahn zum Parkplatz am Ludwigs-Geräumt, zu Fuß durch das Wildschutzgatter auf dem Ludwigs-Geräumt in den Forstenrieder Park, das Gelbe Haus mit den Brüdereichen steht nach 1,3 Kilometern auf einer Waldlichtung; zur Grünen Marter an der Lichtung rechts dem Marien-Geräumt für weitere 1,3 Kilometer folgen | **Öffnungszeiten** Gelbes Haus nur von außen zu besichtigen | **Tipp** Im Ottertal unterhalb des Gelben Hauses befindet sich eine Wildfütterung mit vielen Schautafeln zur Geschichte des Forstenrieder Parks und seines Wildbestands. Vor allem im Winter sind aus dem geschützten Unterstand heraus Wildschweine, Rehe, Dam- oder Rothirsche zu beobachten.

16 Beim Hexenhäusl

Heilkräuter als Relikte weiser Frauen

Es war in den 1980er Jahren der schaurig-schöne Treffpunkt der Münchner Vorstadtjugend, nachdem eine Schülerin auf einer Landkarte des Forstenrieder Parks die Ortsbezeichnung »Hexenhäusl« für eine kleine Lichtung entdeckt hatte. Im 19. Jahrhundert war auf den Karten dort kein Gebäude eingezeichnet, die von Forstarbeitern genutzte Unterkunftshütte wurde erst um 1900 errichtet. Doch was befand sich ehedem an dieser Stelle?

Siedlungsgebiet war der Forstenrieder Park aufgrund seiner Wasserarmut nie. Eine Möglichkeit wäre ein ehemaliges Jagdhaus der Wittelsbacher wie das Gelbe Haus im Ostteil des Forstenrieder Parks (siehe Ort 15), was aber eher unwahrscheinlich ist, da diese historisch überliefert sind. Ebenso unwahrscheinlich ist eine Verbindung der Hexenhäusl-Lichtung mit der nahe gelegenen Römerstraße im Süden, der Buchendorfer Keltenschanze im Westen oder mit dem seit dem späten Mittelalter im Besitz des Münchner Heilig-Geist-Spitals befindlichen Forsthaus Kasten im Norden.

Möglicherweise lebte dort im Wald tatsächlich eine Hexe, auch wenn es sich wohl kaum um eine Satansjüngerin gehandelt hat, die dämonische Messen abhielt und kleine Kinder briet. Vielleicht war ein im Wald verborgenes Häuschen der Rückzugsort von Frauen, die mit dem Sammeln von Kräutern und ihrem Heilwissen ihren Lebensunterhalt bestritten und damit nach alter Vorstellung eben als Hexen galten. Für diese These spricht, dass sich um das Hexenhäusl mehrere, wenn auch sehr kleine, Wasserstellen befinden und dass hier noch heute ungewöhnlich viele alte Heilpflanzen wie Arnika oder Sonnenröschen wachsen. Noch vor 30 Jahren konnte man die Arnika direkt am Hexenhäuschen finden!

Heute sind die weisen Frauen aus dem Wald längst Vergangenheit, auch wenn die Vorstadtjugend überzeugt war, Teil eines Hexentreibens zu sein. Und manch einer die weisen Frauen dort heute noch zu treffen glaubt.

Adresse Hexenhäusl, Ludwigs-/Ecke Elisen-Geräumt, Forstenrieder Park | **Anfahrt** A 95, Ausfahrt Fürstenried, dann auf der Neurieder Straße bis zum Ortseingang Neuried, hier links nach Gauting abbiegen und bis zum Parkplatz bei Forst Kasten fahren, auf dem Preysing-Geräumt für etwa 660 Meter nach Süden, dann links auf das Buchendorfer-Geräumt und nach weiteren 600 Metern rechts auf das Holler-Geräumt, dem Forstweg für 330 Meter folgen, dann links, nach 350 Metern beginnt das Ludwigs-Geräumt, diesem für 400 Meter in östlicher Richtung zum Hexenhäusl folgen | **Öffnungszeiten** nur von außen | **Tipp** Das Forsthaus Kasten ist einer der schönsten Biergärten in und um München (zwischen Neuried und Gauting, Tel. 089/8500360, www.forst-kasten.de).

17 Auf Schloss Fraunberg

Der Jäger, die Rote Frau und ein totes Kind

Fraunberg ist nicht nur eines der ältesten und schönsten Schlösser Bayerns, sondern auch eines der geschichts- und spukträchtigsten. Die Familie von Fraunberg, der das Anwesen heute noch gehört, errichtete hier vor über 1.000 Jahren eine mit einem doppelten Wassergraben befestigte Wehranlage, deren Strukturen weitgehend erhalten sind. Angesichts einer solch altehrwürdigen Familiengeschichte bleibt natürlich der eine oder andere Skandal nicht aus. Etwa der Tod eines namentlich nicht bekannten Jägers, den ein Herr von Frauenberg einst versehentlich bei der Jagd erschoss – oder könnte vielleicht Eifersucht im Spiel gewesen sein? Schließlich muss es doch einen Grund dafür geben, dass der als »gut aussehend und hoch aufgeschossen, aber totenbleich« beschriebene Geist seit vielen Generationen stumm durch die Wohnräume des Schlosses, aber auch durch die uneinsehbare Auenlandschaft des Flüsschens Strogen wandelt.

Während man über den Jäger nichts weiter weiß, ist zumindest eine der an der zweiten aufsehenerregenden Fraunberger Spukgeschichte Beteiligten bekannt: Kathrein soll der Name jener Frau gelautet haben, die einst einen Fraunberger nach dem Tod seiner ersten Frau heiratete und zur Stiefmutter seines kleinen Sohnes wurde. Über 300 Jahre lang suchte sie nach ihrem Tod als rot gekleidete Frau das Schloss heim, in manchen Nächten war das Trippeln von Kinderfüßen zu hören. Ohne dass ein Kind zu sehen gewesen wäre. Erst um das Jahr 1900 beendete ein versehentlich in einen Kaminschacht gefallenes Kätzchen dieses unheimliche Treiben: Nachdem man wegen des kläglichen Miauens eine Verkleidung aufgebrochen hatte, fand man darin das Skelett eines etwa achtjährigen Knaben. Es war der Sohn des Fraundorfers, den seine Stiefmutter umgebracht hatte.

Nachdem die sterblichen Überreste des Kindes bestattet worden waren, wurde die Rote Frau nie mehr gesehen.

Adresse Schloss Fraunberg, Erdinger Straße 16, 85447 Fraunberg | **Anfahrt** A 92, Ausfahrt Moosburg-Süd, auf der St 2085/St 2082 Richtung Erding nach Süden bis Fraunberg fahren, hier nach der Kirche rechts auf den Parkplatz am Rathaus | **Öffnungszeiten** Privatbesitz, nur von außen zu besichtigen | **Tipp** Auch wenn das Schloss in Privatbesitz ist, finden dort regelmäßig kulturelle Veranstaltungen, Liederabende und Parkgottesdienste statt (Termine unter www.fraunberg.de).

18__Beim Gedenkkreuz

Die Weiße Frau und ihr Kind

Auf die Frage nach dem Unfallhergang berichten Beteiligte immer wieder von einem plötzlichen Nebel, der rund um das Auto aufgezogen sei. Hirngespinste, sagen die einen dazu, ein eindeutiger Hinweis auf Geisterspuk im Köhlholz, sagen die anderen. Deshalb sei die B 388 dort einer der gefährlichsten Straßenabschnitte Deutschlands. Bereits Überlieferungen aus dem 19. Jahrhundert berichten von allereiligsten Durchquerungen des Waldes, weil Fuhrleute Furcht vor nicht näher ausgeführten »schlimmen Geschehnissen« und »höchst unheimlichen Vorgängen« gehabt hätten.

Tatsächlich hat sich am Sonntag, den 31. Juli 1831 im Köhlholz, unweit der Stelle, an der sich heute die Waldkreuzung der Bundesstraße mit der Verbindungsstraße zwischen Rappoldskirchen und Ferteln befindet, ein bestialischer Mord ereignet. Eine hochschwangere junge Frau aus Berglern wurde von ihrem Liebhaber erst niedergeschlagen, dann mit 14 Messerstichen malträtiert und als sie wider Erwarten noch lebte, in einem kleinen Weiher ertränkt. Der Mörder stellte sich den Behörden nach drei Wochen, wurde zur Todesstrafe verurteilt, starb aber noch vor der Vollstreckung im Gefängnis. Das Todesopfer, ihr Name war Anna Schwarzenberger, soll seitdem keine Ruhe finden. Ebenso wenig wie ihr Kind, das Ende August hätte geboren werden sollen und dessen leises Weinen man dann deutlich zwischen den Bäumen vernehmen könne. Sie seien der Grund für die nebulösen Erscheinungen, die plötzliche Traurigkeit mancher Besucher im Köhlholz und für so manchen kalten Schauer, der den Menschen hier unvermittelt den Rücken hinunterfährt.

Für Anna und ihr ungeborenes Kind genauso wie für die vielen Verkehrstoten aus dem Köhlholz haben Freiwillige im Mai 2017 an der Waldkreuzung ein Gedenkkreuz aufgestellt. Seitdem, so heißt es, haben sich die Geister im Wald beruhigt. Nur an ihrem Todestag sei Anna dort als die Weiße Frau vom Köhlholz zu sehen.

Adresse Gedenkkreuz im Köhlholz an der B 388 an der Abzweigung nach Rappolds-kirchen, 85447 Fraunberg-Köhlholz | **Anfahrt** A 92, Ausfahrt Moosburg-Süd, auf der St 2085/St 2082 Richtung Erding nach Süden bis Fraunberg fahren, hier rechts nach Maria Thalheim abbiegen und von dort weiter auf der Kreisstraße ED 15 in südlicher Richtung zur B 388 | **Tipp** Noch ein ungewöhnliches Marterl befindet sich im Köhlholz: Gegenüber der Abzweigung nach Kemoding erinnert eine Gedenktafel aus dem Jahr 1995 an den erfolgreichen Kampf der Anwohner gegen eine geplante Mülldeponie, die den ganzen Wald zerstört hätte.

19__Am Freisinger Hexenturm
Schreie aus der Zeit der Kinderhexenprozesse

Direkt in der Mitte von Freising, dort, wo ehedem bürgerliche Altstadt und fürstbischöflicher Domberg aufeinandertrafen, befindet sich das Alte Gefängnis mit dem Hexenturm. Traurige Berühmtheit erlangte der kleine Gebäudekomplex durch die Freisinger Kinderhexenprozesse.

Ab 1715 wurde an das Freisinger Gefängnis ein zusätzlicher Gefängnisturm angebaut, dessen Errichtung in direktem Zusammenhang mit dem ersten Kinderhexenprozess stand, bei dem zwei elfjährige Betteljungen beschuldigt wurden, Hexerei zu betreiben und auch noch Mäuse herbeizuzaubern. Unter schwerer Folter gestanden die Kinder nach über einem Jahr alle ihnen zur Last gelegten Verbrechen, weitere Verhaftungen von Straßenjungen folgten. Im Dezember 1717 wurden schließlich drei Jungen hingerichtet und dem Feuer übergeben. Der Turmbau war notwendig geworden, um den Gefängnisalltag möglichst von den Freisinger Bürgern fernzuhalten. Beschwerden von Anwohnern der benachbarten Fischergasse über lautes Schreien während der Folterungen hatten überhandgenommen. Der Turmbau war ein Erfolg für die Justiz, schon bei den zweiten Kinderhexenprozessen von 1721 bis 1723 mit insgesamt elf Schuldsprüchen an Bettelbuben kam es zu keinen derartigen Beschwerden mehr.

Nach der inquisitorischen Phase des Grauens wurde es ruhiger um das Freisinger Stadtgefängnis, bis es 1965 schloss. Heute ist der Hexenturm ein Museum, in dem unter anderem in beklemmend echter Weise die Szenerie eines in eine Kerkerzelle eingesperrten Bettelbuben dargestellt ist.

Auch wenn die Opfer der Kinderhexenprozesse erst seit wenigen Jahren wieder in das Bewusstsein der breiten Öffentlichkeit Eingang gefunden haben, ganz vergessen waren sie nie. Jedem, der schon einmal allein die Fischergasse entlanggegangen und durch spitze, gequälte Schreie oder leises Wimmern aus Kinderkehlen zusammengefahren war, war das Leid sofort und in vollem Umfang präsent.

Adresse Hexenturm, im Alten Gefängnis Freising, Obere Domberggasse 16, 85354 Freising, www.altesgefaengnisfreising.de | **Anfahrt** A 92, Ausfahrt Freising-Mitte, auf Ismaninger Straße nach Norden, hier links abbiegen, über die Isar fahren und an der Münchner Straße rechts bis zum Bahnhof Freising, dort links in die Bahnhofstraße abbiegen und bis zur Oberen Domberggasse fahren | **Öffnungszeiten** Führungen Mai–Okt. Sa 14 und 15 Uhr; Nov.–April nur nach telefonischer Anmeldung unter Tel. 08161/12843 | **Tipp** Ein idealer Ort, um sich von den beklemmenden Eindrücken des Hexenturms zu erholen, ist der Arpajongarten, eine zu Ehren der französischen Partnerstadt gestaltete grüne Oase am nördlichen Lauf der Moosach (Bahnhofstraße 16).

20_In der Hungerkapelle

Maria erscheint den Hungernden

So eine schöne Wiesenoase im Moos! Einem Bajuwaren namens Tuhho genügte das schmale Schotterband südlich des Isarschwemmlands, um darauf eine kleine Siedlung zu errichten: Attaching, der Ort des Tuhho. Für den Ackerbau war das Land wenig geeignet, mit den saftigen Wiesen dafür umso besser für die Viehhaltung. Getreide musste schon immer zugekauft werden, was durch die ertragreiche Viehzucht kein Problem war. Die Schwedeneinfälle des 17. Jahrhunderts überstand Attaching ebenso wie die nachfolgenden Pestwellen. Doch dann kamen die Hungerjahre des 19. Jahrhunderts, nachdem erst die Soldaten Napoleons marodierend durch das Land gezogen waren und dann der Ausbruch des Vulkans Tambora auf Java 1816 zu einem »Jahr ohne Sommer«, dafür mit katastrophalen Überschwemmungen, geführt hatte. Die Isar setzte die besten Viehweiden monatelang unter Wasser.

Im Spätwinter 1816/17 war schließlich im Schollweckhof nur noch so wenig Mehl vorhanden, dass es gerade für drei semmelgroße Brotlaibe reichte. In ihrer Verzweiflung brachte die Bäuerin die drei Laibe zur Hofkapelle und empfahl sich der Gnade der Jungfrau Maria. Die ganze Nacht lang betete sie einen Rosenkranz nach dem anderen, bis sie in den frühen Morgenstunden aufgeregte Schreie aus ihrer Andacht rissen.

Die Magd hatte auf der Küchenanrichte genau die drei Brotlaibe entdeckt, die die Bäuerin am Tag zuvor gebacken hatte, diejenigen in der Kapelle waren zu Stein geworden. Morgen für Morgen lagen daraufhin drei frische Brote in der Küche, bis endlich die Hungerzeit vorüber war. Viele Male versicherte die Magd glaubhaft, sie habe in der Küche eine in einen blauen Mantel gehüllte Frauengestalt gesehen, die sich stets vor ihren Augen in Luft auflöste. Die drei steinernen Brote blieben noch viele Jahrzehnte in der nun Hungerkapelle genannten Hofkapelle. Erst während des Zweiten Weltkriegs waren sie urplötzlich verschwunden.

Adresse Hungerkapelle, Dorfstraße 11, 85356 Freising-Attaching | **Anfahrt** A 92, Ausfahrt Freising-Ost, auf der St 2084 für 370 Meter nach Süden, dann rechts nach Attaching abbiegen, gleich wieder links in die Raiffeisenstraße und bis zur Kreuzung Dorfstraße fahren, hier nochmals links | **Öffnungszeiten** immer zugänglich | **Tipp** 500 Meter südlich des Attachinger Sportplatzes befindet sich die Startbahn 2 des Münchner Flughafens mit spektakulären Aussichten auf die startenden und landenden Flugzeuge vom Standort direkt an der Straße aus.

21 An der Sommerresidenz

Wo Innozenz für seine Taten büßt

Mönche, die aufgrund schwerster Verfehlungen zu Lebzeiten nach ihrem Tod keine Ruhe finden und für immer am Ort ihres schändlichen Treibens umgehen müssen, sind ein Klassiker unter den Spukgeschichten. Abt Innozenz von Weihenstephan etwa gehört zu dieser schauerlichen Spezies.

Innozenz Völkl wurde 1761 zum 62. Abt des Benediktinerklosters Weihenstephan gewählt, nicht zuletzt weil er als ein ausgesprochen angenehmer Gesellschafter galt. Um diesen gesellschaftlichen Pflichten gerecht zu werden, war eine seiner ersten Amtshandlungen die Umgestaltung des Haupthauses im Klostergut Dürnast in eine schlossartige Sommerresidenz. Der Abt kostete das fröhliche Landleben so sehr aus, dass er binnen kürzester Zeit mit einer schweren Gichterkrankung gestraft wurde. Kuraufenthalte verbesserten die körperliche Befindlichkeit, führten aber zu einem moralischen Totalabsturz. Nächtliche Spielgelage und zwielichtiger Damenbesuch waren in Dürnast, selbstverständlich auf Klosterkosten, bald an der Tagesordnung.

Eine kurfürstliche Untersuchungskommission deckte den unglaublichen Schuldenberg von Abt und Kloster in Höhe von 60.000 Gulden auf. Zum Vergleich: Ein Handwerksmeister verdiente im Jahr etwa 150 Gulden. Das Kloster war damit bankrott. Doch die Veräußerung von Dürnast war ein Problem, kein Käufer wollte es behalten. Grund dafür war der allnächtliche Geisterspuk.

Seit der Nacht seines Ablebens soll Abt Innozenz in Begleitung verderbter Mönchsbrüder Nacht für Nacht mit dem Glockenschlag zur Geisterstunde erscheinen, seine totenbleiche Gestalt eilt dann geschäftig durch die Gänge der ehemaligen Sommerresidenz, um all seine Frevel zu sühnen.

Erst als die Technische Universität München 1926 Dürnast übernahm, kehrte dort Ruhe ein – zumindest was den Besitzerwechsel betrifft. Abt Innozenz und seine Mönche sollen noch immer Nacht für Nacht dort umgehen, so erzählt man sich …

Adresse ehemalige Sommerresidenz Dürnast, Dürnast 1, 85354 Freising-Dürnast |
Anfahrt A 92, Ausfahrt Freising-Mitte, weiter nach Freising, hier auf die Thalhauser Straße
Richtung Allershausen fahren, 1,2 Kilometer nach dem Kreisverkehr am Ortsende rechts
nach Dürnast abbiegen, vor dem Gutshof parken, die Sommerresidenz befindet sich im
Südosten des Vierkanthofs | **Öffnungszeiten** nur von außen zu besichtigen | **Tipp** Auch das
ehemalige Kloster Weihenstephan ist heute Universitätsstandort, öffentlich zugänglich
sind die sehr sehenswerten Gartenanlagen der Hochschule Weihenstephan-Triesdorf
(www.hswt.de/weihenstephaner-gaerten.html).

22 Am Burgstall Gegenpoint

Wo die toten Kinder weinen

Die Nikolausberg genannte Waldkuppe auf der Emmeringer Leite oberhalb des Ampertals bei Fürstenfeldbruck ist ein sehr ruhiger Ort. Nur selten verirren sich Spaziergänger her, dabei befand sich hier bereits im 9. Jahrhundert eine kleine Siedlung namens Kekinpoint, aus der 300 Jahre später die stattliche Veste der Ritter von Gegenpoint wurde. Noch heute ist die auf drei Seiten durch Steilabfälle geschützte ehemalige Hauptburg deutlich zu erkennen, der Standort der ehemaligen Burgkirche ist durch ein Holzkreuz gekennzeichnet.

Die Gegenpointer waren einflussreiche Vasallen der bayerischen Herzöge, sie erhielten die Zolleinnahmen der bedeutsamen Brucker Amperbrücke – gleichzeitig waren sie aber abgabepflichtig an das 1263 von Herzog Ludwig dem Strengen als Sühne für die unrechtmäßige Hinrichtung seiner Frau gegründete Kloster Fürstenfeld. Eine Verpflichtung, die sich als wirtschaftliche Katastrophe erwies. Ab 1340 veräußerten die angeheirateten Ehemänner der Gegenpointerinnen deren persönliche Mitgift nach und nach an das Kloster. Traditionell die letzte Möglichkeit, um Reserven auszuschöpfen, und überdeutlicher Hinweis auf eine verzweifelte Lage, in der jeder zusätzliche Esser Hunger für die anderen bedeutet hätte. Ist der Ruin der Gegenpointer der Hintergrund der schauerlichen Sage, die sich um den alten Burghügel rankt?

Bereits kurz nachdem die Klosterobrigkeit 1425 die Burganlage schleifen ließ, berichteten erste Stimmen von durchdringendem Kinderweinen, das dort zu hören sei. Mit dem Abriss der Nikolauskirche 1785 schien der Spuk vorbei. Doch dann entdeckte man, dass das Weinen noch immer vernehmbar war, sogar stärker als je zuvor – aber nur, wenn man das Ohr dort direkt auf den Boden legt. Es seien die Kinder der Ritterfrauen, heißt es, die diese in ihrer Verzweiflung gleich nach der Geburt getötet und unter der Burgkirche bestattet hätten.

Adresse Burgstall Gegenpoint, oberhalb der Rodelbahnstraße, 82256 Fürstenfeldbruck |
Anfahrt A 99, Ausfahrt Freiham-Mitte, auf der B 2 nach Fürstenfeldbruck, Parkmöglichkeit
am Beginn der Rodelbahnstraße, der Rodelbahnstraße für circa 400 Meter folgen, dann
rechts auf Waldweg die Emmeringer Leite hinaufgehen, auf der Kuppe wieder rechts, der
Gedenkstein für die Burg befindet sich nach 50 Metern linker Hand | **Tipp** Auch das
Kloster Fürstenfeld kann mit einem gruseligen Kind aufwarten. Am Hyazinth-Altar der
ehemaligen Klosterkirche befindet sich die in einem Glasschrein ausgestellte Ganzkörper-
reliquie des heiligen Hyazinth von Caesarea, der im Jahre 108 im Alter von zwölf Jahren als
Märtyrer verhungert sein soll (Sankt Mariä Himmelfahrt, Fürstenfeld 7).

23 Im Plemplholz

Ein rotes Pferd wird zum Geisterhund

Ein riesengroßer Geisterhund soll es gewesen sein, mit rot glühenden Augen groß wie Teller. Bei Dämmerung und erst recht in der Dunkelheit ängstigte er Wanderer und Fußgänger. Wer sich spätnachts auf dem Weg durch das Plemplholz befand, lief Gefahr, von dem Hund gestellt und verbellt zu werden. Bis in die Gautinger Ortsmitte soll man das schauerliche Geknurre dann gehört haben, die Heimgesuchten seien mit schlohweißen Haaren aus dem Wald zurückgekehrt.

Besonders schien es das Geisterwesen auf Schulkinder abgesehen zu haben, die sich in der morgendlichen Dämmerung auf dem Schulweg von den umliegenden Dörfern her zur Gautinger Volksschule befanden. Von den Feueraugen verfolgt, wurde der Schulweg für die Kleinsten zur Marter. An diese Erzählung ihrer Großeltern, die zu Beginn des 20. Jahrhunderts spielt, können sich viele Gautinger noch heute erinnern.

Eine wirklich gruselige Erscheinung, ohne Zweifel. Nur hat die schöne Spukgeschichte gleich mehrere Haken. Zwar gab es in Gauting bereits seit dem Jahre 1593 eine Schule, die auch von den Kindern der umliegenden Weiler besucht wurde – das Plemplholz aber konnte nur für die Kinder aus den heutigen Ortsteilen Königswiesen, Hausen und Unterbrunn am Weg liegen. Unterbrunn hatte jedoch seit 1800 eine eigene Schule, die auch von den Hausener Kindern besucht wurde; der alte Ort Königswiesen wurde 1865 abgerissen.

Woher der Spuk wirklich kam, findet sich in der Gautinger Ortschronik. Im Herbst des Jahres 1907 hatte sich dem Plempl-Bauern bei der Feldarbeit ein im Kummet stehendes rotes Pferd losgerissen. Über Wochen scheiterten alle Versuche, den völlig verstörten Fuchs wieder einzufangen, obwohl er regelmäßig gesichtet wurde; manchmal ging das wild gewordene Tier sogar auf die Menschen los. Erst in der Adventszeit konnte der Bauer seiner wieder habhaft werden. Ein Stoff, aus dem Spukgeschichten entstehen!

Adresse Plemplholz, an der Pötschenerstraße, 82131 Gauting | **Anfahrt** A 952 bis Autobahnende Starnberg, nach 470 Metern rechts auf die Gautinger Straße / St 2063 abbiegen und dem Straßenverlauf bis zum Gautinger Hauptplatz folgen, an der Ampel links den Bahnhofsberg hinauffahren, an der nächsten Ampel wieder links in die Ammerseestraße abbiegen, nach 1,5 Kilometern links in die Andechsstraße abbiegen und von dort zu Fuß dem Trampelpfad in das Plemplholz bis zu einem Feld folgen | **Tipp** In Gauting befindet sich eine der wenigen Bio-Eisdielen bayernweit. Im Backhaus Cramer kann man das ganze Jahr über hausgemachtes Bio-Speiseeis in ganz normalen, aber auch in Spezialsorten wie Dattel-Minze oder Mohn-Marzipan genießen (Unterbrunner Straße 17, Tel. 089/45818855, www.backhaus-cramer.de).

24_ Im Hügelgräberfeld

Dunkle Energien am Grab der Seherin

»Dunkle Energien« seien es, die aus dem geöffneten Grab der Druidin aufsteigen, befindet der katholische Theologe. Er tritt einen Schritt zurück, bekreuzigt sich und notiert etwas in sein Büchlein. Die Menschen, die rundum einen Halbkreis bilden, treten ebenfalls zurück, vielen steht der kalte Schweiß auf der Stirn, und einige ziehen ihren Rosenkranz hervor. Allen ist aufsteigendes Entsetzen ins Gesicht geschrieben. So geschehen im Jahre des Herrn 2010.

Sind die »dunklen Energien« auch diskutabel, empfinden dennoch viele Besucher die 1870 vom Münchner »Archäologen« Julius Naue entdeckte und freigelegte Grabstelle im Hügelgräberfeld am westlichen Hochufer der Würm als Ort mit einer besonderen Anziehungskraft. Manche bezeichnen ihn als Kraftort oder sogar als heiligen Ort, wovon auch die Unzahl moderner Ritualgegenstände wie Bänder, Gebetsfahnen und Räucherwerk zeugt. Liegt es an dem neu entstandenen Kult, dass der Ort unheimlich wirkt und man latent das Gefühl hat, in unsichtbarer Gesellschaft zu sein? Ist gar der Geist einer Frau aus grauer Vorzeit zugegen?

Das sogenannte Grab der Seherin ist nur eines von 22 Hügelgräbern aus der Hallstattzeit, die hier von Naue mehr als dilettantisch ausgegraben wurden; im Rückblick könnte man es Raubgrabungen nennen.

Vieles wurde zerstört, der selbst ernannte Archäologe hatte es auf Wertgegenstände abgesehen. Grabbeigaben des Seherinnen-Grabs, wie drei Eber, mehrere Vögel und ein Sonnenrad-Zepter (Statussymbol von Priestern oder Sehern), sowie menschliche Skelette von rituellen Nebenbestattungen wurden zwar im Grabungsbericht notiert, dann aber entsorgt. Zurückgeblieben sind 22 zum Himmel hin geöffnete Grabhügel, die auf einer Fläche von etwa zehn Fußballfeldern im lichten Wald verteilt ein bisschen so wirken, als hätte man sie bewusst so präpariert, dass sich die Toten jederzeit daraus erheben könnten.

Adresse Hügelgräberfeld, am westlichen Hochufer der Würm, 82131 Gauting-Mühlthal | **Anfahrt** A 952 bis Autobahnende Starnberg, nach 470 Metern rechts in die Gautinger Straße / St 2063 abbiegen und dem Straßenverlauf für 4 Kilometer folgen, links Richtung Golfplatz Gut Rieden abbiegen, nach der S-Bahn-Unterführung rechts einige Parkmöglichkeiten, zu Fuß auf der Forststraße nach Norden, bei dem Funkmast nach 200 Metern rechts zum Hügelgräberfeld, das Grab der Seherin befindet sich nach 500 Metern rechts im Wald, direkt oberhalb der Bahngleise | **Tipp** Am Golfplatz Gut Rieden befindet sich ein auch für Nichtmitglieder zugängliches Café mit einer Panorama-Terrasse, die einzigartige Ausblicke auf die bayerische Alpenkette schenkt (www.golfplatz-gutrieden.de/de/cafe-restaurant).

25 Am Dreiherrenstein

Hexentanzplatz bei der Teufelsküche

Tief im Wald, auf einer klitzekleinen Lichtung, gut verborgen vor den Augen zufälliger Spaziergänger, steht der Dreiherrenstein. Sein Name bezieht sich auf seine Funktion als Grenzstein zwischen den Territorien dreier Landesherren. Dementsprechend sind auf den drei Seiten des etwa 60 Zentimeter hohen Steins aus Ruhpoldinger Marmor die Wappen des Hauses Wittelsbach, des Landsberger Jesuitenkollegs und des Klosters Benediktbeuern eingemeißelt. Die Inschrift 1692 weist auf das Aufstellungsjahr hin.

Grenzsteine galten von jeher als Orte außerhalb des täglichen Lebensbereichs, sie zu berühren war schon immer bei schwersten Strafen verboten, unzählige Sagen erzählen vom Los der Grenzsteinverschieber. Oft wurden diese Grenzsteine als unheimliche Plätze bezeichnet, vor allem Dreifach-Grenzsteine waren als Versammlungsort bösartiger Geister gefürchtet. Besonders nachts nach dem Betläuten sollen sich dort die Seelen Verstorbener treffen.

Wer des Leibhaftigen selbst ansichtig werden möchte, dem sei in Bezugnahme auf lokale Überlieferungen ein Besuch des Dreiherrensteins an lauen Samstagabenden nach dem Betläuten anempfohlen, denn dann sollen sich dort sämtliche Hexen aus der Umgebung treffen, jede herangeflogen auf ihrem Besen. Sobald sie alle versammelt sind, erscheint der Sage nach der Teufel, um mit ihnen die ganze Nacht hindurch eine wilde Orgie zu feiern. Keine der Hexen darf aber den Lauf der Zeit außer Acht lassen; sind sie nicht mit dem ersten Sonnenstrahl durch den Kamin hindurch wieder in ihr eigenes Haus zurückgekehrt, dann ist ihr irdisches Dasein besiegelt.

Wer den Weg zum Dreiherrenstein gefunden hat und sich auf der kleinen Waldlichtung inmitten des Teufelsküchen-Sumpfs im Kreis dreht, kann sich unschwer vorstellen, dass sich hier unheimliche Dinge abspielen. Und er mag bezweifeln, dass es dafür zwingend Samstagnacht sein muss.

Adresse Dreiherrenstein, 82269 Geltendorf | **Anfahrt** A 96, Ausfahrt Greifenberg, auf der Kreisstraße LL 1 nach Türkenfeld, nach dem Bahnübergang links auf die Aresinger/Geltendorfer Straße in Richtung Geltendorf abbiegen, 2 Kilometer nach dem Ortsende Türkenfeld am 4. Waldweg links halten und in den Wald gehen, nach 300 Metern zweigt rechts eine sumpfige Rückegasse ab (zwei Fichten sind mit einem weißen Dreieck markiert), dieser für 80 Meter bis zu einer Gabelung folgen, wieder rechts, nach weiteren 60 Metern zweigt ein schmaler Pfad zwischen dichten Büschen ab, noch 30 Meter zum Dreiherrenstein (im Sommer unbedingt Mückenschutz mitnehmen!) | **Tipp** Als Kontrastprogramm zum Hexentanzplatz bietet sich ein Besuch der Türkenfelder Pfarrkirche Mariä Himmelfahrt an, die in all ihrer barocken Pracht durchgängig dem Thema des Rosenkranzes gewidmet ist (Schloßweg 1, 82299 Türkenfeld, tagsüber geöffnet).

26 Auf der alten Wolfseeinsel

Ein Jäger sucht noch immer seinen Mörder

Es war noch dunkel, als der königliche Forstmeister Theodor Freiherr von Lupin an einem klaren Junitag des Jahres 1896 um vier Uhr morgens vom Forsthaus Schwaigerwall zu seinem letzten Jagdgang aufbrach. Ohne die Jagdfreunde, mit denen er zuvor noch einen geselligen Abend verbracht hatte. Gegen fünf Uhr, rund eine Stunde später, hörte ein anderer Jäger zwei schnell hintereinander abgefeuerte Schüsse – es dauerte nicht lange, bis man Lupin fand. Sein Tod war binnen kürzester Zeit eingetreten.

Obwohl zunächst über einen Unfall oder Selbstmord spekuliert wurde, verwarf man diese Vermutungen nicht zuletzt aufgrund der Aussagen von Lupins Jagdfreunden bald. Vermutlich wurde der 50-Jährige Opfer eines persönlichen Racheakts oder eines Wilderers. Sein Mörder wurde nie gefasst. Vielleicht weil dort, wo der Forstmeister den Tod gefunden hatte, kaum Spuren gesichert werden konnten. Zu schwer zugänglich war der Fundort seiner Leiche in einem feuchten Waldstück auf einer Halbinsel des ehemaligen Wolfsees, eines künstlich angelegten Fischweihers mit einer Größe von etwa 43 Fußballfeldern. Noch heute ist das Gebiet streckenweise sumpfig, wenige Jahre nach der Trockenlegung des Weihers waren die Mooswiesen kaum begehbar. Oder wurde bei den Ermittlungen einfach grob geschlampt? Merkwürdigerweise berichteten die Zeitungen übereinstimmend, dass Lupin am Sonntag, den 7. Juni zu Tode kam. Auf dem Gedenkstein ist jedoch der 6. Juni eingemeißelt.

Über die Jahre mehrten sich die Berichte über einen einsamen Jäger, der an verschiedenen Sommertagen frühmorgens zwischen dem dichten Baumbestand der einstigen Wolfseeinsel gesehen wurde. Meist tauchte er nur schemenhaft auf, nur einmal soll es einem fahrenden Gesellen gelungen sein, mit ihm in Kontakt zu treten. Er suche seinen Mörder, habe ihm der durchscheinende Jäger zugeraunt.

Adresse alte Wolfseeinsel, Schwaigwall, 82538 Geretsried-Gelting | **Anfahrt** A 95,
Ausfahrt Wolfratshausen, weiter auf der B 11 Richtung Geretsried, am Kreisverkehr nach
Schwaigwall abbiegen, zu Fuß oder mit dem Rad zum Gut Schwaigwall, hier auf einen
Feldweg in südliche Richtung einbiegen, nach 530 Metern rechts und im Bogen unterhalb
entlang des Waldrands an der Wolfseeinsel zur Brücke gehen, kurz davor führt rechts eine
Rückegasse in den Wald, der Gedenkstein befindet sich nach 10 Metern rechter Hand |
Tipp Eine gute Adresse, um sich für eine Wanderung rund um den ehemaligen Wolfsee
mit lokalen Spezialitäten einzudecken, ist der Geretsrieder Bauernladen (Fasanenweg 7,
www.bauernladen-geretsried.de, Tel. 08171/8966).

27__Im Lochhamer Schlag

Untote und ein eingewachsener Gekreuzigter

Viele Menschen kommen täglich am Lochhamer Schlag vorbei, im Berufsverkehr auf der Lindauer Autobahn, während ihrer Arbeitszeit in einem der großen Gräfelfinger Gewerbegebiete oder entlang der belebten Würmtalstraße, ohne überhaupt von seiner Existenz zu wissen. Der rundum brausende Verkehr und die Abgeschiedenheit des Waldstücks bilden einen merkwürdigen Kontrast.

Früher hieß es einfach: Im Lochhamer Schlag geht es um. Untote würden dort ihr Unwesen treiben und hätten es besonders auf Kinder abgesehen, die zum Beerensammeln allein in das Waldstück hineingingen.

Mit der Zeit wurden die Geschichten sogar konkreter anstatt verschwommener. Die Wiedergänger aus dem Lochhamer Schlag seien die 53 ehemaligen russischen Kriegsgefangenen, die im Mai 1919 nach der Niederschlagung der Münchner Räterepublik von Freikorpseinheiten bei einem Feldgericht dort erschossen wurden. Ganz unheimlich gehe es an der »Baden-Baden-Stern« genannten Wegkreuzung am ehemaligen Verbindungsweg zwischen Gräfelfing und dem einstigen Dorf Hadern zu. Dort, wo sich noch das verwitterte Fundament eines alten Meilensteins befindet, sollen die erbarmungswürdigen Gestalten immer wieder bei ihrem geisterhaften Treiben beobachtet worden sein.

Wohl zu jener Zeit brachte dort ein Unbekannter ein Kruzifix in einer kleinen Baumhöhle an. Während über die Jahre das Holz des Trägerkreuzes zerfiel, wuchs der Gekreuzigte in den Baum ein, ein seltsam berührender und gleichzeitig gruseliger Anblick. Viele Jahre später, 1993, stiftete ein Gräfelfinger eine kleine Kapelle als Schutz für den Gekreuzigten ohne Kreuz, dessen Baum drei Jahre zuvor vom Orkan Wiebke entwurzelt worden war. Es war die späte Erfüllung seines Gelöbnisses zum Dank für die glückliche Rückkehr aus russischer Kriegsgefangenschaft. Anheimelnd und unheimlich zugleich wirkt der stille Ort im Wald heute.

Adresse Christuskapelle im Lochhamer Schlag, 82166 Gräfelfing | **Anfahrt** A 96, Ausfahrt Blumenau, über die Würmtalstraße in die Haderuner Straße fahren und dieser in südwestlicher Richtung für 1 Kilometer bis zum Parkplatz an der Bezirkssportanlage Ludwig-Hunger-Straße folgen, der Weg in den Wald führt über die Gräfelfinger Straße und den Schlagweg zum nordwestlichen Ende der Sportanlage, hier links in den Forstweg abbiegen, Christuskapelle steht nach 370 Metern auf der rechten Seite | **Öffnungszeiten** immer zugänglich | **Tipp** Auf dem Gräfelfinger Friedhof am Rande des Lochhamer Schlags befindet sich ein 1919 von der Münchner Bäckerinnung gestiftetes Grabmal zum Gedenken an die ermordeten russischen Kriegsgefangenen, ihre Namen sind auf einer von Schülern des Gräfelfinger Gymnasiums ausgearbeiteten Gedenkstele zu lesen (Großhaderner Straße 2, Grabmal links hinter der Aussegnungshalle).

28 __ In Seeholzen an der Würm
Die Weiße Frau zeigt Qual und Tod

An einer der schönsten Ecken des Münchner Vororts Gräfelfing soll es nicht ganz geheuer sein. Dort, in den Würm-Auen nördlich des Weinbuchwegs, geht die Weiße Frau um, ruhelos streift sie den Flusslauf entlang. Wer ihrer ansichtig wird, heißt es, soll derart von der Angst gepackt werden, dass er nie mehr an diesen Ort zurückkehren wird. So fürchterlich seien die Bilder von Qual und Tod, die der Anblick der Frau in einem jeden hervorruft. Weiße Frau hin oder her, die durch die Anlage eines Seitenarms 2011 entstandene Würminsel ist ein Magnet für Jung und Alt.

Einst stand hier eine bedeutende Hofmark, Schloss Seeholzen genannt, die auf allen wichtigen Landkarten wie der Großen Karte von Bayern der Gebrüder Apian aus den Jahren 1554 bis 1561 vermerkt ist. Das erstmalig 1116 erwähnte Schloss stand auf einer inzwischen nicht mehr genau lokalisierbaren Würminsel, die Besitzungen der Seeholzer erstreckten sich in etwa vom Bereich der heutigen Bahnlinie im Westen bis zum Lochhamer Schlag im Osten. Beim Schwedeneinfall während des Dreißigjährigen Krieges wurde das Gebäude derart verwüstet, dass es Anfang des 18. Jahrhunderts abgetragen werden musste. Der Sage nach soll sich die Schlossherrin vor Ort befunden haben, als die schwedischen Truppen Seeholzen überfielen. So grausam war ihr Schicksal unter den Händen der Plünderer, dass ihr Geist keine Ruhe findet und wehklagend durch die verfallenen Mauern irrt.

Es gibt aber auch eine andere, fast noch unschönere Version der Geschichte: Vor dem Dreißigjährigen Krieg gehörte Seeholzen einem gewissen Hofrat Ernst von Roming, der im Jahre 1600 in dem an Grausamkeit nicht zu überbietenden Münchner Hexenprozess gegen die Landfahrerfamilie Pämb eine federführende Rolle gespielt hatte. Die Mutter wurde auf bestialische Weise hingerichtet, wobei sie ein weißes Leinenhemd trug – so wie die Weiße Frau von Seeholzen.

Adresse Würminsel an der Pasinger Straße, 82166 Gräfelfing | **Anfahrt** A 96, Ausfahrt Gräfelfing, dann auf der Pasinger Straße in südlicher Richtung bis zum Parkplatz an der Einmündung der Lohenstraße, gegenüber führt ein Pfad zu Würm und Würminsel hinab | **Tipp** Der Gockelberg genannte Hang oberhalb der Würminsel ist im Winter ein beliebter Schlittenberg mit Anfängerpassagen ebenso wie rasanten Streckenabschnitten.

29 In der Wolfsgrube

Wo der Wildmoorgeist umgeht

Nur wenige Meter westlich der viel befahrenen Bundesstraße B 471 liegt die Wolfsgrube. So idyllisch der rund 20 Meter tiefe Talkessel mit seinen steilen Wänden auch wirkt, so selten verirren sich Spaziergänger hierher. Denn es ist ein unheimlicher Ort.

Aus geologischer Sicht ist die Wolfsgrube ein Toteisloch, das am Ende der letzten Eiszeit durch die Ablagerung eines einzelnen Eisblocks während des Rückzugs des Ammerseegletschers entstanden ist.

Geröll und Geschiebe überschütteten das Eis; als es Jahrzehnte später abschmolz, blieb die steilwandige, kesselartige Hohlform der Wolfsgrube zurück. Seinen Namen erhielt das als besonders schützenswert geltende Geotop und Naturdenkmal durch die frühere Nutzung als Fanggrube für Wölfe.

Aber nicht die Wölfe sind der Grund für den unheimlichen Ruf dieses Talkessels, es ist die sagenumwobene Gestalt des Wildmoorgeistes, die hier umgehen soll. Schon bald nach dem abendlichen Betläuten, aber auch immer wieder untertags, wenn die rund um den Ammersee gefürchteten plötzlichen Gewitter und Hagelstürme aufziehen, würde die große, in einen dunklen Umhang gehüllte Gestalt dort erscheinen, auf dem Kopf ein schwarzes Barett, das Gesicht verborgen hinter dem hohen Kragen. Wer ihrer ansichtig wird, für den ist es ohnehin meist zu spät. Vor allem den Mädchen, jungen Frauen und schönen Müttern lauert der Wildmoorgeist auf, um sie unversehens zu ergreifen und mit in seine Welt weit hinter den Nebeln zu nehmen. Keine sei jemals von dort zurückgekehrt, und in manchen Nächten höre man sogar die klagenden Rufe der Unglücklichen. Ein wüster Ritter der alten Burg zu Wildenroth soll er sein, der schon zu Lebzeiten Frauen und Mädchen reihenweise geschändet hat und trotz des Fluchs, der auf ihm lastet, auch im Tode nicht davon ablasse.

Nur die reine Liebe einer Frau, so heißt es, könne ihn erlösen.

Adresse Wolfsgrube, 82284 Grafrath | **Anfahrt** A 96, Ausfahrt Inning, auf der B 42 nach Grafrath, 1 Kilometer nach dem Kreisverkehr befinden sich 2 Parkplätze auf der westlichen Straßenseite, von dort über den Pfad die Böschung hinauf direkt zur Wolfsgrube | **Öffnungszeiten** nachts nicht empfehlenswert (siehe Text) | **Tipp** Zwischen der Wolfsgrube und der S-Bahn-Station Geltendorf befindet sich der Forstliche Versuchsgarten der Bayerischen Landesanstalt für Wald und Forstwirtschaft mit einer bemerkenswerten Sammlung von über 200 fremdländischen Baumarten, darunter ein etwa 130 Jahre alter Mammutbaum (geöffnet April – Okt. Mo – Fr 8 – 18 Uhr, Sa, So und Feiertage 13 – 17 Uhr, www.lwf.bayern.de).

30 Auf Burg Grünwald

Spukende Rittersleut, schwarz-weiße Burgfräulein

Der Münchner Komiker Karl Valentin hat es auf den Punkt gebracht. Zwar leben schon lang keine Ritter mehr auf der Burg Grünwald, doch seiner Ballade von den »Alten Rittersleut« zufolge sollen immerhin noch die »Geister von densölben nachts in den Gewölben« spuken. Bedauerlicherweise sind diese Gewölbe in der Burgbesichtigung nicht inkludiert. Valentin hatte Zugang zu den Burgkellern, als er im Sommer 1941 aus der Münchner Innenstadt in das Grünwalder Schlosshotel gezogen war. Hier suchte er nach Relikten der Raubritterzeit, ließ sich für die geplante Verfilmung seines Theaterstücks »Ritter Unkenstein« inspirieren und hatte Zeitzeugenberichten nach ein unheimliches Spukerlebnis. So unheimlich, dass er nie darüber sprechen wollte. Die von ihm besungenen alten Rittersleut geisterten dort aber vermutlich nicht umher, denn die Burg war seit ihrer Errichtung im 12. Jahrhundert immer eine Dependance des bayerischen Hochadels und nie eine Raubritterburg gewesen. Zudem spannt sich die für entsprechende Betätigung außerordentlich geeignet erscheinende Brücke unterhalb der Burg erst seit 1904 über die Isar.

Eine mögliche Erklärung, welche geisterhafte Erscheinung das Münchner Original in Angst und Schrecken versetzt hat, geben die lokalen Überlieferungen zu den Burgfräulein von der Schlossleite. Eine von ihnen soll ganz weiß, die zwei anderen schwarz-weiß gewesen sein. Immer am Sonnwendtag seien sie aus den Tiefen der Burg emporgestiegen, begleitet von einem großen schwarzen Hund mit feurigen Augen.

Oder es handelt sich um die alte Frau, die einst Belagerern den Zugang zur Burg verraten haben soll, während sie Holz für das Sonnwendfeuer sammelte, und nun bis in alle Ewigkeit Jahr für Jahr an diesem Tag dafür Buße tun muss.

Beide Geschichten berichten von Spukerscheinungen zur Sommerzeit – genau der Zeit, als auch Karl Valentin in Grünwald weilte.

Adresse Burgmuseum Grünwald, Zeillerstraße 3, 82031 Grünwald, www.archaeologie-bayern.de/en/zweigmuseen/gruenwald | **Anfahrt** A 995, Ausfahrt Oberhaching, auf der Kreisstraße M 11 nach Grünwald, hier den Marktplatz überqueren, rechts in die Dr.-Max-Straße und gleich wieder links in die Rathaus-/Zeillerstraße abbiegen | **Öffnungszeiten** ganzjährig Di–So 10–17 Uhr, geschlossen: Neujahr, Silvester, 6. Jan., Faschingssonntag und -dienstag, Karfreitag und 24., 25., 26. Dez. | **Tipp** Auf dem Marktplatz von Grünwald befindet sich ein besonderer Baum: Die sogenannte »Verfassungslinde« wurde am 20. Mai 1808 von der Grünwalder Bürgergemeinschaft zur Feier des Inkrafttretens der Verfassung des Königreichs Bayern gepflanzt. Eine Gedenktafel erinnert an diesen für bayerische Monarchisten noch heute bedeutsamen Tag.

31 Am Georgenstein

Wo die Isarnixe lockt

Was dem Rhein seine Loreley auf ihrem Felsen, ist der Isar ihre Nixe auf dem Georgenstein bei Grünwald. Flößer, die mit Holz und Waren von jenseits der Alpen auf dem Weg nach Münchnen waren, fürchteten dieses Wasserwesen einst genauso sehr wie ihre rheinländischen Kollegen die viel besungene Maid. Besonders an wolkenverhangenen oder nebeligen Spätsommertagen sei in den Isarauen bei Grünwald der vogelartiglockende Ruf »Tütlitü, tütlitü« zu vernehmen. Mit ihm lockt die Isarnixe Wanderer, Fischer und Flößer in die reißenden Fluten. Vor allem die Flößer seien von ihrem Treiben gefährdet gewesen, beim Passieren der tückischen Strömungen rund um den vier Meter hohen Georgenstein zwischen Baierbrunn und Grünwald erschallte immer wieder der betörende Nixenruf. Viele Flößer trugen deshalb nicht nur geweihte Gegenstände bei sich, sondern verstopften sich in der Tradition des legendären Seefahrers Odysseus auch die Ohren mit Wachs.

Begonnen habe der Spuk mit der Hochzeit des bayerischen Herzogs Albrecht IV. mit Kunigunde von Österreich im Jahre 1487. Ein Edelfräulein hatte von einem für sie in heißer Leidenschaft entbrannten Spielmann als Beweis seiner Liebe gefordert, er solle ein von ihr in der Nähe des damals »Großer Heiner« genannten Georgensteins in der Isar versenktes Geschmeide wieder herauftauchen. Der Spielmann ertrank in den Fluten, drei Tage später soll das Edelfräulein zur grünhaarigen Nixe geworden sein.

Auch ohne die Isarnixe war der Georgenstein durch die sich ständig verändernden Stromschnellen immer eine Gefahr für die Isarflöße. Zur Entschärfung der Gefahrenstelle wurde ein begehbarer Damm aufgeschüttet, der die Strömung östlich am Felsen vorbeileiten sollte.

Ob der hoch aufragende Nagelfluhfelsen darüber hinaus tatsächlich der natürliche Brückenpfeiler für die Isartraverse der Römerstraße von Salzburg nach Augsburg war, ist nicht gesichert.

Adresse Georgenstein, 82041 Grünwalder Forst | **Anfahrt** A 995, Ausfahrt Oberhaching, auf der Kreisstraße M 11 nach Grünwald, den Ort auf der Oberhachinger/Emil-Geis-Straße durchqueren und zur Isar hinunterfahren, vom Parkplatz an der Brücke auf dem Fußweg entlang der Isar 3 Kilometer in südliche Richtung zum Georgenstein gehen | **Öffnungszeiten** bei Hochwasser nicht zugänglich | **Tipp** 170 Meter flussabwärts vom Georgenstein befindet sich ein weiterer Isarfelsen, der Sankt-Michaels-Stein. Als Brutplatz der vom Aussterben bedrohten Fluss-Seeschwalbe ist er ein Natur- und Vogelschutzgebiet von internationaler Bedeutung. Vor allem im Frühsommer können die eleganten Flug-akrobaten in den frühen Abendstunden dort beobachtet werden.

32_ Beim ehemaligen Mordhof

Erinnerungen an einen Vierfachmord

Es war eines der abscheulichsten Verbrechen im Bayern des ausgehenden 19. Jahrhunderts. Als am Sonntag, den 12. März 1893 die Feuerwehr Salmdorf zu einem Brand auf den Bauernhof der Witwe Anna Reitberger gerufen wurde, ahnten die Männer noch nicht, was sie dort erwarten würde. Das Wohnhaus stand in Flammen, die Bäuerin und ihre drei Töchter zwischen 14 und 23 Jahren wurden in den Schlafkammern gefunden, schwerst verletzt durch Gewalteinwirkung mit einem Beil. Möglicherweise hatten die Frauen den oder die Täter gesehen, alle starben jedoch, ohne das Bewusstsein wiedererlangt zu haben. An der Stelle des abgebrannten Bauernhofs wurde eine Kapelle mit Gedenktafel für die Mordopfer errichtet, sie bestand bis Mitte des 20. Jahrhunderts und wurde dann durch ein Feldkreuz ersetzt.

Bereits beim Bau der Kapelle war eine dreifarbige Katze aufgetaucht, die den Nachbarn als Hofkatze der Ermordeten bekannt, aber seit dem Unglückstag nicht mehr gesehen worden war. Dreifarbige Katzen gelten als Glückskatzen, die das Haus vor Feuer und anderem Unheil bewahren.

Dass das Tier zurückgekehrt war, erstaunte zunächst niemanden. Erst als die Jahre vergingen und noch immer dieselbe Katze frühmorgens laut miauend vor der Kapelle saß, wurde sie manchem unheimlich. Niemand sah sie je schlafen oder fressen, niemand konnte sie einfangen oder nur streicheln. In der Bevölkerung keimte ein erster unheimlicher Verdacht … Besonders laut soll das Tier an einem Tag des Jahres 1903 geschrien haben, genau zu der Zeit, als sich – wie die Salmdorfer später erfuhren – der des Vierfachmordes verdächtigte Josef Schmaderer nach vielen Jahren im Münchner Untersuchungsgefängnis erhängte.

Seit dem Abriss der Kapelle wird die Reitbergerkatze nur noch selten gesehen, wenn sie erscheint, ist es eine ernst zu nehmende Warnung vor einem bevorstehenden Brand. So erzählt man es sich noch immer.

Adresse Johann-Karg-Straße, 85540 Haar-Salmdorf | **Anfahrt** A 94, Ausfahrt Feldkirchen-Ost, auf die B 471 Richtung Haar, in Ottendichl links nach Salmdorf abbiegen (Andreas-Kasperbauer-Straße), das Feldkreuz befindet sich 50 Meter nach dem Ortsende linker Hand an einem Feldweg | **Tipp** Die Salmdorfer Kirche Mariä Himmelfahrt aus dem 15. Jahrhundert birgt einen besonderen Kunstschatz. An der rechten Seite des Altarraums befindet sich die 1,80 Meter hohe sogenannte Salmdorfer Pietà aus der Zeit zwischen 1320 und 1360 – eine der ältesten bekannten Darstellungen der Beweinung Christi überhaupt (Johann-Karg-Straße 10, tagsüber geöffnet, keine Besichtigung während Gottesdiensten).

33 Im Loach

Die alte Schrankin mit dem eisernen Kamm

Eine hoch seltsame Spukgestalt treibt im Loach bei Westerndorf ihr Unwesen. Ein uraltes Weib, eine Hexe namens Schrankin soll dort hausen.

Wanderer, die nachts das sumpfige Waldstück durchqueren, würde sie überwältigen und mit einem eisernen Kamm so lange malträtieren, bis sie sich schließlich unter größter Panik befreien könnten. Noch schlimmer soll es früher ungehorsamen Mädchen der umliegenden Dörfer ergangen sein, die sich gegen das Kämmen der oft langen und verfilzten Haare sträubten. Gingen diese Mädchen ungekämmt ins Bett, so soll in der Nacht die alte Schrankin gekommen sein, um sie in ihre Hütte im Loach zu holen. Dort habe sie ihnen mit einem eisernen Kamm die verfilzten Flechten herausgerissen und sie zur Strafe für ihren Widerspruchsgeist drei Jahre lang schwerste Arbeit verrichten lassen.

Die Bezeichnung »Schrankin« bezieht sich vermutlich auf das Münchner Patriziergeschlecht der Schrenks, das weite Besitzungen im Dachauer Land besaß. Die Frau eines der bekanntesten Mitglieder der Familie, des Münchner Bürgermeisters Bartholomäus Schrenk (um 1350–1433), trug den Namen Anna Astaller und stammte von einem Hof in Westerndorf. Viel ist nicht über die Bürgermeistersgattin bekannt, sie soll aber eine böse Frau gewesen sein, die ihre Dienerschaft hartherzig behandelte. Ungeklärt ist auch der Verbleib der ersten Frau ihres Gatten und deren gemeinsamer Tochter. Es wurde geraunt, die Astallerin hätte beim Verschwinden von Mutter und Tochter ihre Hände im Spiel gehabt.

Auch tagsüber ist das Loach eine unheimliche Gegend. Links und rechts der Wege fällt das Gelände steil in wassergefüllte, durch wucherndes Kraut unsichtbare Sumpfgräben ab, und ein merkwürdig faulig-süßlicher Geruch hängt zwischen den Bäumen. Eine Erinnerung womöglich an eine Untat, die sich hier vor über 500 Jahren ereignet hat?

Adresse Loachwald, 85778 Haimhausen-Westerndorf | **Anfahrt** A 92, Ausfahrt Unterschleißheim, nach Norden über Haimhausen nach Amperpettenbach fahren, hier am Kreisverkehr an der 1. Ausfahrt abfahren, nach 930 Metern links nach Westerndorf abbiegen, in der Ortsmitte von Westerndorf nach Norden zu einem kleinen Teich am Beginn des Loachwaldes fahren, Parkmöglichkeit | **Tipp** Auch im Riedholz, südwestlich von Westerndorf gelegen, soll es spuken. Am 31. März 1838 wurde Revierjäger Rebock neben seinem Hund nach vier Tagen Suche tot unter einem Baum sitzend aufgefunden. Der Hund war nicht von seiner Seite gewichen. Noch heute soll er dort Wache halten, und auch der Ermordete soll seine ewige Ruhe noch nicht gefunden haben.

34__In der Erchinger Lohe

Der Teufel erscheint in den Isarauen

Die Erchinger Lohe gilt als einer der besten Orte im Münchner Umland, um den Leibhaftigen herbeizurufen, davon erzählt eine Vielzahl von Geschichten. Eine davon ereignete sich in der ersten Hälfte des 19. Jahrhunderts, als der Gutshof Erching vom Münchner Unternehmer Joseph von Utzschneider zu einem Mustergut und einer landwirtschaftlichen Lehranstalt ausgebaut worden war.

Bereits kurz nach der Aufnahme des Lehrbetriebs hatten sich Gutsschüler zusammengetan, um dem Geheimnis der Teufelsbeschwörungen auf den Grund zu gehen. Zu diesem Zweck erstanden sie auf der Erdinger Dult ein Buch mit dem verheißungsvollen Titel »Der Höllenzwang«. Entsprechend den Arbeitsanweisungen des Zauberbuchs hoben sie in der Lohe in einem von Bachläufen umgrenzten Dreieck eine Grube aus und fertigten drei Kreuze an. Nachdem sie in diese verschiedene Heiligennamen hineingeschnitzt hatten, ließen sie die Kreuze weihen und stellten sie am Rande der Grube auf. Ihre beiden ersten Versuche scheiterten. In der dritten Nacht erschien der Teufel tatsächlich in der Gestalt des schwarzen Jägers und verriet ihnen in der Annahme, der drei Seelen ohnehin binnen kürzester Zeit habhaft zu werden, wo in der Lohe er seinen Goldschatz versteckt hatte. Doch der Teufel hatte sich getäuscht. Der Schutz durch die geweihten Gegenstände war so groß, dass er daran abprallte.

Mit dem ersten Sonnenstrahl war seine Zeit abgelaufen, die drei konnten ihre Zuflucht verlassen. Bedauerlicherweise aber hatte sie der Höllenfürst so sehr erschreckt, dass sie sich das Versteck nicht hatten merken können. Ohnehin wollten sie niemals wieder einen Fuß in die Isarauen setzen!

Dies war wohl auch besser für sie, denn noch immer soll der Teufel auf der Suche nach seinen entschwundenen Opfern nachts durch den unheimlichen Lohwald unterhalb des alten Gutshofs streichen. Auch das Teufelsgold soll noch immer ungehoben sein.

Adresse Erchinger Lohe, 85399 Hallbergmoos-Erching | **Anfahrt** A 9, Ausfahrt Garching-Nord, Richtung Osten zur Einmündung auf die Freisinger Landstraße, dort links und dem Straßenverlauf bis Mintraching folgen, rechts auf die Erdinger Straße abbiegen, die Isar überqueren und gleich wieder rechts auf der Freisinger Straße 1,2 Kilometer nach Erching fahren, westlich der Straße parken, 250 Meter geradeaus, hinter dem Damm | **Tipp** Auf Gut Erching befindet sich für Liebhaber alter Möbel ein sehenswerter Trödel-Flohmarkt (Erching 10, https://wbc-dienstleistung.de/flohmarktgalerie).

35__Im Dorf Ramsee

Wo der Schäuferlmo sein Unwesen treibt

Ob ein unterbeschäftigter Geist auch manchmal mit Langeweile zu kämpfen hat? Auskunft darüber könnte der Schäuferlmo von Ramsee geben. Wer sich zur Befragung aufmachen will, sollte aber etwas Weihwasser bei sich haben, sicher ist sicher!

Heute breitet sich dichter Mischwald auf dem Höhenberg am östlichen Ammerseeufer aus, auf dem sich einst das Dorf Ramsee befand. Im 13. Jahrhundert wurde es erstmalig urkundlich erwähnt.

Der Name Ramsee geht zurück auf das mittelalterliche Ravusawe, die Rabenaue. Eine Ortsbezeichnung, die eher auf eine Hinrichtungsstätte denn auf ein Dorfidyll schließen lässt (siehe Ort 59). Meist sind es dementsprechend unheimliche Orte, die sich hinter dem Namen des schwarzen Totenvogels verbergen – und einen Todesboten gab es dereinst auch in Ramsee. Dort, wo die alte Verbindungsstraße zwischen Ramsee und Andechs am östlichen Ortsrand den kleinen Schwellenbach querte, soll ein »Schäuferlmo« genannter Geist denen aufgelauert haben, die erst spät zur Nacht die Brücke passierten – oft auf dem Heimweg vom Andechser Bräustüberl.

Angetan war der Geist mit einem schwarzen Mantel und einem tief in die Stirn gezogenen, breitkrempigen Hut; über der Schulter trug er eine Schaufel. Nur mitgeführtes Weihwasser konnte davor bewahren, vom Schäuferlmo niedergeschlagen zu werden und sieben Tage später aus dem Leben zu scheiden. So notierte es der Andechser Pater Emmeram Heindel, als er die Geisterbegegnung und den darauf folgenden Tod eines Ramseer Bauern für die Chronik festhielt.

Doch 1849 wütete ein Brand in Ramsee, zerstörte die Häuser, vertrieb die Menschen und entzog dem Schäuferlmann seine Arbeitsgrundlage. Als 1864 die Kirche Sankt Nikolaus abgerissen wird, ist Ramsee bereits verlassen. Nur der Schäuferlmann soll des Nachts durch die ehemaligen Dorfgassen streichen, ob er nicht doch noch ein Opfer finde.

Adresse Ramseedenkmal, Schwellbrückenstraße, 82211 Herrsching | **Anfahrt** A 96, Ausfahrt Inning, auf der Brucker Straße / St 2067 nach Herrsching fahren, dort rechts auf die Mühlfelder Straße und dem Straßenverlauf 3,3 Kilometer bis Wartaweil folgen, an der Straße parken, die Straße überqueren und auf einem Forstweg den Höhenberg hinaufgehen bis zur Kreuzung Schwellbrückenstraße / Ramseestraße, das Ramseedenkmal an der Stelle der ehemaligen Kirche befindet sich linker Hand | **Tipp** Vom Dorf Ramsee ist nichts geblieben – außer der Kirchenausstattung von Sankt Nikolaus, darunter Bleiglasfenster, Kirchenbänke, Steinfußboden und Apostelleuchter, die ihren Weg in die 1870/71 erbaute Erlinger Friedenskapelle in Andechs gefunden haben.

36 An der Grasbergkapelle

Die verfallene Kapelle am Wiesenhang

Während auf den Britischen Inseln spukträchtig verfallene Kapellen und Kirchen keine Seltenheit sind, ist deren Anblick im Münchner Umland höchst ungewöhnlich. Die kleine Grasbergkapelle ist da eine Ausnahme. Der eher unscheinbare Bau aus großen Natursteinen und kleineren Ziegeln stammt nach einer Mitteilung des Landesamts für Denkmalpflege aus dem späten 18. Jahrhundert und wird in der Denkmalliste unter der Aktennummer D-1-82-120-34 geführt. Doch auch der Denkmalschutz konnte die kleine Gottesstätte nicht retten. Seit der marode Dachstuhl im Jahre 2014 endgültig eingebrochen ist, dringen unaufhörlich Regen und Schnee in die hohle Ruine und beschleunigen Tag für Tag ihre Zerstörung.

Der ehemalige Altar befand sich im Westen. Dies ist recht ungewöhnlich, außer bei unumgänglicher städtebaulicher Notwendigkeit ist er sonst immer im Osten konzipiert, was auf die Wiederauferstehung Jesu verweist. Anders konzipiert sind auch diejenigen Kirchen und Kapellen, die auf vorchristlichen Kultplätzen errichtet wurden und entsprechend ihrer Bedeutung als Sonnen- oder Erdheiligtum auf andere Himmelsrichtungen ausgerichtet sind. Häufig sind dies Orte, über die man sich hinter vorgehaltener Hand manche Spukgeschichte erzählt.

Gab es einst eine solche Geschichte über die Grasbergkapelle, ist sie längst genauso vergessen wie die Kapelle selbst. Kein Weg führt zu dem Bauwerk am Wiesenhang, kein Autofahrer auf der viel befahrenen B 12, die in nur 120 Metern Abstand unterhalb vorbeiführt, hat sie jemals entdeckt. Oder ist die Graskapelle doch der letzte Rest des versunkenen Hartpenninger Klosters Helstein, von dem man erzählt, dass sich dort einst verschiedenste Geister und sogar die alte Totengöttin Hel gezeigt haben sollen?

Wer ganz allein an der einsamen Grasbergkapelle steht, kann durchaus dieser Meinung sein.

Adresse Grasbergkapelle, 83607 Holzkirchen-Hartpenning | **Anfahrt** A 8, Ausfahrt Holzkirchen, auf der B 318 in südlicher Richtung bis Lochham fahren, dort links nach Großhartpenning abbiegen, hier wieder links auf die B 13 in südlicher Richtung, nach 3,7 Kilometern rechts in die Straße nach Grasberg, Parkmöglichkeit nach 40 Metern am Waldrand; dem Waldrand im Bogen für 300 Meter in südliche Richtung folgen, dann durch lichten Baumbestand auf die andere Seite des Wäldchens gehen, nun über die Wiese in Richtung B 13 | **Tipp** Der nahe gelegene Kirchsee in Sachsenkam im gleichnamigen Kirchseemoor ist einer der wärmsten Badeseen im Münchner Umland – und ganz und gar nicht unheimlich. Oft sind die Wassertemperaturen schon Anfang Juni badefein.

37 — Am Stockerweiher

Der tote Soldat mit dem Degen

Sehr beschaulich wirkt das kleine Dorf Irschenhausen, das zu den ältesten Siedlungen im Isartal gehört. Doch wie bei vielen scheinbar friedlichen Orten ist in seiner Geschichte etwas ganz und gar Unfriedliches zu entdecken. Und das geht deutlich über das Vorhandensein eines keltischen Brandopferplatzes hinaus, wie er 1968 südwestlich des Stockerweihers entdeckt wurde. Auch wenn man das undefinierbar unheimliche Gefühl, das einen in der Abenddämmerung am Stockerweiher beschleichen kann, durchaus darauf zurückführen könnte. Ein Phänomen, das nach Aussage von Einheimischen beim längeren Aufenthalt am Westufer des Weihers auftritt. Mit einem Male würde man sich dort unwohl und beobachtet fühlen. Genau dort, wo sich ein Bildstock aus Tuffstein befindet, der das Grab eines Soldaten markiert.

Erst bei Bauarbeiten 1978 wurde das Grab entdeckt. Der Tote aus der Zeit des Dreißigjährigen Krieges war mit Messer und Degen beigesetzt; sein nach Norden gerichteter Kopf weist darauf hin, dass er vermutlich aus dem Norden stammte. War er ein Angehöriger der schwedischen Truppen, die 1632 das Isartal verwüsteten? Die Säule lässt auf eine Sühnehandlung schließen. Möglicherweise hatte man sie als Buße errichtet, weil der Soldat aus dem Hinterhalt überfallen wurde? Für diese These spricht auch die Ausgestaltung des Säulenaufsatzes als laternenartig wirkende Totenleuchte mit Kerzennische. Solch ein Seelenlicht hat den Zweck, der unerlösten Seele – typisch für ein Mordopfer – zu ermöglichen, dort ein und aus zu gehen, um doch noch ihren ewigen Frieden zu finden. Ein Geistertreiben, das immer nach einer Störung der Totenruhe auftreten soll.

Vielleicht ist dies der Grund, weshalb im Winter 1980 mehrere Kinder berichteten, dass sie beim spätnachmittäglichen Eislaufen am Stockerweiher einen Soldaten mit blauer Jacke und einem langen Degen gesehen hätten.

Adresse Stockerweiher, Ebenhauser Straße 2, 82057 Icking-Irschenhausen | **Anfahrt** A 95, Ausfahrt Schäftlarn, über die St 2071 nach Hohenschäftlarn bis zur Kreuzung mit der B 11, hier rechts und dem Straßenverlauf für 2,2 Kilometer bis zur Abzweigung nach Irschenhausen folgen, dort wieder rechts in die Ebenhauser Straße einbiegen, der Stockerweiher befindet sich nach 1,5 Kilometern auf der rechten Seite | **Tipp** Die schönste Seite von Irschenhausen zeigt sich im Biergarten des Rittergütls, der neben einer breiten Palette bayerischer Spezialitäten auch einen einzigartigen Ausblick auf die bayerische Alpenkette bietet (Ebenhauser Straße 26, www.ritterguetl.de).

38 Beim Teufelsstein

Hexentanz und Teufelswut

Wenige Kilometer nördlich vom Ammersee, am Rande des Mauerner Waldes, in dem sich seit Urzeiten schon die gefährlichsten Hexen tummeln sollen, gibt es einen besonderen Ort, an dem man die Besenreiterinnen beim wilden Tanz mit dem Teufel selbst beobachten können soll, vor allem in mondlosen Nächten. Es ist ein verwunschener kleiner Ort, versteckt hinter dem Waldrand, für den zufällig vorbeieilenden Speed-Hiker gar nicht auffällig: eine kleine Waldarena rund um den Teufelsstein.

Rein geologisch-nüchtern betrachtet handelt es sich beim Teufelsstein um einen erratischen Block von knapp drei Metern Länge und gut eineinhalb Metern Höhe, den der Ammersee-Gletscher während der letzten Eiszeit von den Alpen hierhergebracht hat. Wie groß er wirklich ist, kann man nur erahnen, der Felsen ist etwa zur Hälfte im Boden versunken.

Bei allen nüchternen Betrachtungen aber fällt die besondere Form des Felsens auf, er sieht aus wie ein steinerner Altar. Ob der Teufelsstein ein vorchristlicher Kultplatz war, ist unbekannt; sicher ist jedoch, woher sein Name stammt – zumindest der Legende nach.

Dem Teufel war die Wallfahrtskirche von Grafrath ein Dorn im Auge. Um sie zu zertrümmern, holte er von den Alpen einen riesengroßen Felsbrocken und trug ihn auf seinen Schultern in Richtung Grafrath. Als sich der Teufel durch das Gewicht des Steins tief niederbeugen musste, achtete er nicht auf den Weg und verlief sich. Voller Zorn schleuderte er den Felsen zu Boden. Da erblickte er eine Frau, die gerade des Weges kam. Auf ihrem Rücken trug sie eine Buckelkraxe mit alten Schuhen. Wie weit es noch bis Grafrath sei, fragte der Teufel. Die Frau antwortete, dass sie gerade von dort käme und schon all die Schuhe auf der Kraxe durchgelaufen habe. Mit einem Wutschrei über den noch unendlich weiten Weg löste sich der Teufel in einen schwelenden Blitz auf, die Kirche war gerettet.

Adresse Teufelsstein, 82266 Inning | **Anfahrt** A 96, Ausfahrt Inning, auf der B 471 Richtung Fürstenfeldbruck, nach 3,4 Kilometern an einem Feldweg halten, der rechts über eine Wiese in den Wald führt, dem Feldweg für 1 Kilometer folgen, der Teufelsstein befindet sich links im Wald | **Tipp** Die vom Teufel glücklicherweise verschonte Wallfahrtskirche beherbergt das Grab des aus dem Ammerseegebiet stammenden heiligen Rasso und ist ein Juwel sakraler Baukunst (Klosterstraße 3, geöffnet während der üblichen Kirchenöffnungszeiten).

39___Am Müllerbrünnl

Das unheimliche Idyll im Wald

Es gibt Orte, die sind zwar auf den ersten Blick anheimelnd, aber schon auf den eineinhalbten unheimlich. Bei näherer Betrachtung findet sich dann auch oft eine recht gruselige Sage dazu. Solch ein Ort ist das Müllerbrünnl in den Westacher Hölzern.

Es war der 3. Dezember 1800 frühmorgens, als während der Napoleonischen Kriege die bayerisch-österreichischen Verbände und die französischen Truppen aufeinandertrafen, beide Seiten ohnehin geschwächt nach tagelangem Biwak auf freiem Feld bei schwerem Schneefall. Der Schnee war noch dichter geworden, nach Augenzeugenberichten konnten die Soldaten oftmals nur durch den Schein ihrer Mündungsfeuer erkennen, auf wen sie gerade geschossen hatten. Beinahe 20.000 Menschenleben kostete die Schlacht auf beiden Seiten, nur wenige entkamen dem blutigen Gemetzel.

Unter diesen befand sich der Legende nach ein berittener Soldat aus dem österreichischen Ried im Innkreis, der sich schwer verletzt durch den Wald in Richtung Norden schlug. Trotz der Kälte war der Boden noch nicht gefroren, sodass sein Pferd im sumpfigen Tal des Kaltenbachs zwischen Isen und Buch zu versinken drohte. Unter Aufbietung seiner letzten Kräfte kämpfte es sich zurück auf festen Boden, stampfte noch einmal auf und brachte mit diesem Tritt eine kleine Quelle zum Sprudeln. Das Wasser labte das Pferd und heilte den Soldaten von seinen Verwundungen. 80 Jahre später entstand neben der inzwischen gefassten Heilquelle eine kleine, dem Viehpatron Sankt Leonhard geweihte Kapelle.

Eine Vielzahl Votivbilder zeugt nicht nur von der Verehrung, die Quelle und Waldkapelle noch heute erfahren, sondern auch von der Heilung, die viele Menschen hier finden. Dennoch haftet dem Ort etwas Unheimliches an, manche fühlen sich von jemand Unsichtbarem beobachtet.

Ist es vielleicht der Geist des Soldaten, dessen Pferd einst die Kapelle entdeckte?

Adresse Müllerbrünnl und Kapelle Sankt Leonhard, Westacher Hölzer, 84424 Isen-Westach | **Anfahrt** A 94, Ausfahrt Pastetten, weiter über die St 2331/2332 in Richtung Isen, etwa 1,2 Kilometer nach dem Ortsausgang Buch gegenüber dem Weiler Kaltenbrunn an einem Feldweg parken, dem Weg für 120 Meter folgen, weiter rechts und nach 500 Metern links, bis nach etwa 450 Metern eine Brücke erreicht ist, nach 100 Metern links über eine zweite Brücke zur kleinen Waldlichtung mit Müllerbrünnl und Kapelle | **Öffnungszeiten** immer frei zugänglich | **Tipp** Am 5. Dezember 1998 wurde fünf Kilometer südlich des Müllerbrünnls zwischen Hohenlinden und dem heutigen Ortsteil Kronacker ein Mahnmal aus blutrotem Stein zum Gedenken an die Schlacht eingeweiht (Kronacker Weg, 85664 Hohenlinden).

40_ Auf der Hinteren Scharnitzalm

Wo der Brandner Kaspar den Boandlkramer b'scheißt

Es war sicher nicht einfach, für das Filmset des bayerischsten aller Theaterstücke eine passende Location zu finden. Regisseur Joseph Vilsmaier hat den Ort aber so gut gewählt, dass man auch am helllichten Tage meinen könnte, gleich komme der Boandlkramer mit seinem Stahlross angebraust, um seiner rabenschwarzen Arbeit nachzugehen.

»Boandlkramer« ist die bayerische Bezeichnung für den Schnitter Tod, wie er in Franz von Kobells Mundarterzählung »Die Gschicht vom Brandner Kaspar« auftritt. Es ist die Geschichte eines alten Sturschädels, der den Tod mittels Kirschgeist und einem Betrug beim Kartenspiel überlistet, um viele weitere Erdenjahre verleben zu können. Erst als er nach einigen Jahren auch den Letzten seiner Familie zu Grabe getragen hat, kann ihn besagter Boandlkramer überreden, einen Blick ins Paradies zu werfen, wo er schließlich bleibt.

Nachdem über 30 Jahre lang regelmäßig zu Allerheiligen dieselbe für das Bayerische Fernsehen inszenierte Fassung des Stücks über die heimischen Bildschirme geflimmert war, war die Zeit reif für eine Neuauflage. Vilsmaier nahm sich des Stoffs an und konnte die Elite bayerischer Schauspieler gewinnen. Franz Xaver Kroetz verkörpert den Brandner, Jörg Hube den Himmelspförtner Petrus, und Michael »Bully« Herbig ist mit bleichem Antlitz und himmlisch naiver Seele der Inbegriff eines altbayerischen Boandlkramers.

Für die Dreharbeiten wurden die vor der imposanten Kulisse der Felswände zwischen Benediktenwand und Achselköpfen gelegenen Almen komplett überbaut, sodass sie ein authentisches Bild des Bergler-Lebens Anfang des 19. Jahrhunderts boten. Richtig unheimlich scheint die Szenerie nicht zu sein, sondern vielmehr recht idyllisch. Trotzdem ist es nun der Ort, an dem auch schon der Boandlkramer war – was durchaus den Gedanken emporkommen lässt, dass nichts im Leben ewig währt.

Adresse Hintere Scharnitzalm (1.420 Meter), unterhalb der Achselköpfe, 83676 Jachenau | **Anfahrt** A 95, Ausfahrt Sindelsdorf, über die B 472 nach Bad Tölz, von dort auf der B 11 bis Wegscheid fahren, abbiegen Richtung Jachenau, nach knapp 9 Kilometern befindet sich rechts der Parkplatz Petern; zu Fuß der Forststraße 5 Kilometer über den Langenecksattel in Richtung Benediktenwand folgen, unterhalb der Tannereckalm rechts und gleich darauf links auf den Steig zur Bichler Alm (1.438 Meter), von dort führt ein schmaler Pfad zur Hinteren Scharnitzalm | **Öffnungszeiten** nur von außen, zugänglich von Mai bis zum ersten Schnee | **Tipp** Die unterhalb der Scharnitzalmen gelegene Bichler Alm ist von Mitte Juni bis Anfang September bewirtschaftet, man bekommt dort Getränke, einfache Brotzeiten und frisch gebackenen Kuchen.

41 Am Friedhof zu Eichstock

Unheimliches Treiben seit der Schwedenzeit

Bei einer Umfrage zum Thema »Was verbinden Sie mit Spuk?« würden wohl über zwei Drittel der Befragten als Allererstes an englische Friedhöfe mit schiefen Grabsteinen und uralten Bäumen denken, zwischen denen dicke Nebel hängen. Auch im Dachauer Land gibt es solch einen Friedhof, der nicht nur unheimlich wirkt, wenn rund um Allerheiligen die weißen Schleier aus Wiesen und Feldern emporsteigen und sich um die Grabsteine legen.

Der Weiler Eichstock bestand bereits im frühen 14. Jahrhundert, er war bestes Siedlungsland mit fruchtbaren Böden. Ein Überfall der Schweden im Dreißigjährigen Krieg aber beendete schlagartig die Zeit der Ruhe und des relativen bäuerlichen Wohlstands. Mit dem Tod der letzten Überlebenden des Schwedenmassakers wurde das ohnehin fast vollständig niedergebrannte Anwesen nach 1643 zu einer verlassenen Ödnis. Nur die Seelen der Getöteten waren geblieben, über Jahrzehnte getraute sich kaum jemand mehr, dort zu siedeln. Doch die guten verlassenen Ländereien weckten Begehrlichkeiten. Ein Bauer aus dem benachbarten Ainhofen soll mehrere Grenzsteine gar bis an die alten Eichstocker Dorflinden hin verschoben haben. Nach seinem Tod war er deshalb vom ewigen Gericht dazu verdammt worden, an den Schwendtagen – im bayerischen Volksglauben besonders unglückverheißende Tage im Jahreslauf – auf diesem Stein zu sitzen. Wer so unvorsichtig war, sich dann in die Nähe dieses Ortes zu wagen, den jagte der Geist in den nächsten Wald.

Erst mit dem Einzug der protestantischen Glaubensgemeinde der ursprünglich schweizerischen Mennoniten, die der spätere bayerische König Max I. im Zuge des Edikts zur Religionsfreiheit als Siedler in sein Kurfürstentum eingeladen hatte, kehrte wieder Leben in Eichstock ein; die Geister der Vergangenheit verblassten. Der Friedhof aber ist ein unheimlicher Ort geblieben, vor allem an den Schwendtagen im Herbst.

Adresse Friedhof der mennonitischen Gemeinde, Eichstock 3, 85229 Markt Indersdorf-Eichstock | **Anfahrt** A 9, Ausfahrt Allershausen, auf der St 2054 in westlicher Richtung nach Petershausen und weiter nach Ebersbach, hier rechts nach Ainhofen, hier an der Jetzendorfer Straße weiter geradeaus auf der Bürgermeister-Hefele-Straße, nach 2,2 Kilometern links nach Eichstock | **Öffnungszeiten** tagsüber immer frei zugänglich | **Tipp** Im benachbarten Ainhofen befindet sich ein 24-Stunden-Selbstbedienungs-Häuschen des Biohofs Hefele mit Eiern, Kartoffeln und anderem Gemüse der Saison (Bürgermeister-Hefele-Straße 16, 85229 Ainhofen, www.biohof-hefele.de).

42_Auf dem Hardt

Von der Krönchenschlange und den drei Fräulein

Nördlich von Langenpettenbach erstreckt sich einer der für das Hügelland nördlich von München so typischen sanften Höhenrücken. Im Norden ist er bewaldet, die Grenze zwischen Wald und Wiesen verläuft direkt auf dem Kamm, und das Alpenpanorama ist von einer außergewöhnlichen Schönheit.

Diesen besonderen Ort sollen einst drei adelige Fräulein zu ihrer Wohnstatt auserkoren und dort eine Burg errichtet haben. So groß ihre weithin berühmten Heilkünste gewesen sein mögen, so gering war leider ihre Baumeisterkunst. Zuletzt hausten die drei in einer Ruine, die schließlich mitsamt ihren Bewohnerinnen versank.

Viele Jahre später soll ein junger Bauernbursch an ebendieser Stelle eine seidig glänzende Schlange getroffen haben, mit einem Krönchen auf dem Kopf und einem goldenen Schlüssel im Maul. Sie bedeutete ihm, mit ihr zu kommen, und führte ihn auf verschlungenen Wegen in den Berg hinein. Dort fand sich der Bursche in einem Burgsaal wieder, direkt vor einer großen Eichentruhe. Er nahm den Schlüssel von der Schlange entgegen, sperrte die Truhe auf, öffnete sie, und als der Deckel aufsprang, entwich dieser eine große Wolke goldenen Staubs, der die Schlange einhüllte. Als sich der Staub gelegt hatte, stand eines der drei Fräulein vor ihm, er hatte sie von ihrem Bann erlöst. Zum Dank beschenkte sie ihn mit einem großen Schatz, doch das, was er sich wirklich wünschte, das konnte sie ihm nicht geben. Obwohl er später eine andere Frau heiratete, ging er jedes Jahr zur Zeit des Vollmonds während der Hundstage hinauf, um das Fräulein vom Hardt zu treffen. Auch die anderen beiden, inzwischen ebenfalls erlösten Burgfräulein sollen noch heute in diesen Nächten dort oben auf ihre Liebsten warten.

Bemerkenswert auf dem Hardt ist die kleine Hardtkapelle, in deren Notizbüchlein auffallend viele Menschen schreiben, dass sie an diesem Ort Trost bei Liebeskummer gefunden hätten.

Adresse Hardt, 85229 Markt Indersdorf-Langenpettenbach | **Anfahrt** A 99, Ausfahrt Allershausen, auf der St 2054 in westlicher Richtung über Petershausen nach Markt Indersdorf fahren, dort rechts auf die Aichacher Straße abbiegen und weiter nach Langenpettenbach bis zur Kirche, rechts in die Sandstraße und gleich wieder links in die Hardtstraße, parken und der Hardtstraße etwa 400 Meter bis zum Waldrand folgen, links 300 Meter am Waldrand entlang bis zur Anhöhe mit der Kapelle | **Tipp** Nordwestlich des Hardts befindet sich in Stangenried eine kleine Hofbäckerei, in der man jeden Freitag ab 10 Uhr frisch gebackenes Holzofenbrot, Saisongebäck und hausgemachte Kuchen kaufen kann (Traudls Backservice, Stangenried 3, Tel. 08250/251, traudls-backservice.de).

43__Bei der Brunnenkapelle

Heilquelle mit unheimlichem Touch

Quellen sind immer Orte, die von den Menschen besonders geschätzt und verehrt werden. Vor allem, wenn es sich dabei um als heilkräftig erachtetes Wasser handelt, entstehen an diesen Quellorten kleine Andachtsstätten und werden Kapellen gebaut. Rund um München gibt es aufgrund der in der Eiszeit entstandenen Schotterebene zwar reichlich Grundwasser, aber nur wenige artesische Quellen und dementsprechend wenige Brunnenkapellen. Eine steht im Dachauer Hinterland, ganz versteckt in einem schattigen Waldgraben.

Wann genau das im Stil einer Lorettokapelle gestaltete kleine Bauwerk entstand, ist nicht mehr bekannt. Die ältesten Erwähnungen bezeichnen sie als »Pfeil-Kapelle«, da sie einst eine Christusstatue beherbergte, die so gefertigt war, dass das Quellwasser aus einer der Pfeilwunden floss. 1890 veranlasste ein Münchner Bankdirektor den Umbau zur Lourdeskapelle, seitdem fließt das Wasser unterhalb der von ihm gestifteten Marienfigur aus einem dünnen Röhrchen, wird in einer Schale aufgefangen und von dort in den hinter der Kapelle liegenden Sumpfbachgraben geleitet.

Versteckt im Waldgraben, über einem Sumpfbach … die Brunnenkapelle ist kein Wohlfühlort, sondern wirkt unheimlich und verwunschen. Obwohl vor allem im Sommer jeden Sonntag viele Gläubige zur Marienandacht hierherpilgern, kann man sich rasch unbehaglich fühlen, wenn man allein ist.

Vielleicht ist doch etwas dran an der Warnung, die ältere Menschen der Gegend noch kennen:

Kinder sollen nie allein zur Kapelle gehen, sie könnten dort auf eine Alte treffen, die besonders kleinen Buben Böses wolle. Ein Plot, der sich ein bisschen nach Hänsel und Gretel anhört, den man aber durchaus geneigt ist zu glauben, wenn man allein auf einer der Bänke vor der Kapelle sitzt und das mulmige Gefühl hat, dass gleich die Hexe aus dem Märchen hinter dem Brunnenhäuschen auftauchen könnte.

Adresse Brunnenkapelle, 85229 Markt Indersdorf-Wagenried | **Anfahrt** A 8, Ausfahrt Odelzhausen, auf der Kreisstraße DAH 2 über Hohenzell und Altomünster nach Pipinsried, weiter auf der DAH 2 Richtung Markt Indersdorf nach Wagenried, 800 Meter nach dem Ortsausgang führt rechts ein Feldweg (Parkmöglichkeit) zur Brunnenkapelle | **Öffnungszeiten** immer zugänglich | **Tipp** Nur 700 Meter Luftlinie von der Brunnenkapelle entfernt liegt die Arnzeller Viereckschanze, vermutlich ein keltischer Kult- und Opferplatz (von der Brunnenkapelle aus dem Quellbach folgen, bis man in der Talsenke auf einen Weg trifft, auf diesem etwa 520 Meter nach Süden gehen, an der Kreuzung rechts und nach 220 Metern wieder rechts; die Viereckschanze liegt gerade voraus und ist von einem Baumwall gesäumt).

44 __ An der Pestkapelle

Nach dem Betläuten erscheint der weiße Pudel

An einem milden Herbsttag ist ein Aufenthalt auf den Wiesen und abgeernteten Feldern zwischen Moorenweis und dem Weiler Eismerszell durchaus behaglich. Doch wenn am frühen Abend die ersten Nebel vom Boden aufsteigen, zeigt die Gegend ein anderes Gesicht. Herbstliches Zwielicht vermischt sich mit abgerissenen Nebelschatten und verschwimmt mit den letzten dürren Grashalmen, die sich im Wind wiegen. Eine Szenerie, die melancholisch und auf fast schon unheimliche Art seltsam menschenleer erscheint. Überbesiedelt war die Gegend westlich von Fürstenfeldbruck in den Moorwiesen des Quellgebiets des Flüsschens Maisach ohnehin nie. Das große Sterben während der Pestwellen des 17. Jahrhunderts muss auf die wenigen Menschen dort wie ein Vorbote der letzten Tage der Menschheit gewirkt haben. Die Dichte an Pestkapellen, Pestkreuzen und Votivstelen inklusive verschiedener lokaler Überlieferungen ist hier wohl deshalb besonders hoch. Eine der schaurigsten Legenden rankt sich um die aus einem Gelübde heraus errichtete Pestkapelle von Eismerszell.

Schon kurz nach ihrer Segnung begannen die unheimlichen Ereignisse. Wann immer sich ein Mensch nach dem Betläuten der Kapelle näherte, musste er damit rechnen, von einem weißen Pudel heimgesucht zu werden, der ihm so lange nachsprang, bis der Verfolgte mehrere Ave-Marias aufgesagt hatte.

Während schwarze Pudel spätestens seit Goethes »Faust« einen gewissen Bekanntheitsgrad als Verkörperung des Teufels erreicht haben, führen die nahe verwandten weißen Pudel als Spukgestalten eher ein Schattendasein.

Laut einschlägiger Literatur handelt es sich bei ihnen entweder um Selbstmörder oder um eine unerlöste christliche Seele, die der Tod noch vor der letzten Ölung ereilt hat.

Welcher Herkunft er auch immer ist, noch heute soll der weiße Pudel an der Pestkapelle von Eismerszell sein Unwesen treiben.

Adresse Pestkapelle an der Eismerszeller Straße, 82272 Moorenweis-Eismerszell | **Anfahrt** A 96, Ausfahrt Inning, auf der B 471 nach Grafrath fahren und am Kreisverkehr in die Graf-Rasso-Straße abbiegen, dem Straßenverlauf bis zur Bahnhofstraße folgen, links nach Moorenweis fahren, dort nach der Kirche in die Eismerszeller Straße, die Pestkapelle befindet sich nach 550 Metern auf der rechten Seite | **Öffnungszeiten** immer frei zugänglich | **Tipp** Hinter der Kapelle befindet sich einer der wenigen erhaltenen Peststeine. Auf ihnen legten Nachbarn Lebensmittel für die in Pestdörfern isolierten Menschen ab, die diese dann nach dem abendlichen Betläuten abholen konnten.

45_ Rund um den Burgstall Altenburg

Raubritterspuk im Tal und in der Höh

Besonders reizvoll erscheint der Hügelsporn des Burgstalls Altenburg, wenn man sich ihm von Nordosten durch das Tälchen der Moosach nähert. Nur hier und da fallen einzelne Sonnenstrahlen durch das dichte Blätterdach; die Schatten scheinen ein Eigenleben zu führen, tauchen unvorhersehbar bald hier, bald dort auf. Manchmal berichten Autofahrer aber auch von mannshohen Schatten, die ihnen dort urplötzlich vor das Auto gesprungen seien, gerade so, als wollten sie sie aufhalten – nach einem jähen Bremsmanöver lösten sie sich allerdings in nichts auf.

Sind es die rastlosen Seelen der Raubritter zu Altenburg, die in dieser Engstelle manches Gespann um seine Waren gebracht und dem Leben der Fuhrleute ein Ende gemacht hatten? Die Schuld dieser unehrenhaften Ritter, so die Sage, reiche noch viel weiter, da die Altenburger sich nicht mit reinem Raubrittertum begnügten, sondern ihre Vasallen zu solch hohen Abgaben zwangen, dass diese reihenweise hungers starben. Dem nicht genug, entführten sie die Bauerstöchter auf ihre Burg, um sich dort reihenweise an ihnen zu vergehen.

Eines der Mädchen aber ergab sich nicht in ihr Schicksal, sondern stieß den Burgherren mit einem Schlag ins Gesicht zurück. Voller Wut packte er sie, warf sie zu Boden und peitschte sie zu Tode. Binnen weniger Minuten erhob sich ein Brausen über den Zinnen der Burg, ein Sturm, wie es noch nie einen gegeben hatte, zog auf und riss die Altenburg Stein um Stein mit sich, bis nur noch das tote Mädchen dort lag, wo sich einst stolze Mauern erhoben hatten. Keiner vermochte die Tote fortzuschaffen, erst mit dem Bau einer Kirche über ihrem Leichnam konnte sie bestattet werden.

Am verlorenen Seelenheil der Altenburger hat der Kirchenbau nichts geändert. Nach wie vor gehen sie ruhelos dort um, wo sie einst so vielen Unschuldigen nach dem Leben getrachtet haben.

Adresse Burgstall und Kirche Maria Altenburg, Altenburg 31, 85665 Moosach-Altenburg | **Anfahrt** A 99, Ausfahrt Haar, auf der B 304 in südöstlicher Richtung bis Zorneding fahren, weiter über die Kreisstraße EBE 12 in Richtung Moosach nach Altenburg, der Burgstall befindet sich auf der rechten Straßenseite | **Tipp** Auf dem Burgberg befindet sich unterhalb der Wallfahrtskirche Maria Altenburg das gemütliche Café-Bistro Sacherl mit einer sehr feinen Auswahl an hausgemachten Kuchen und Torten, die im gemütlichen Cafégarten verspeist werden können (Altenburg 39, www.sacherl-maria-altenburg.de).

46__In der Bleisteinstraße

Ein Poltergeist mit eigener Straße

Es müssen Verwaltungsbeamte mit Humor gewesen sein, die im Zuge des großen Siedlungsbaus im beginnenden Wirtschaftswunder 1954 eine kleine Sackgasse in Allach nach einer lokalen Geistergeschichte benannten.

Auf den Allacher Mooswiesen, besonders im Gebiet zwischen Lochholz im Nordwesten und der Würm im Südosten, erzählte man sich, solle ein Geist mit Namen Bleistein sein Unwesen treiben. Manchmal sei er auch am anderen Würmufer in Allach oder würmaufwärts in Untermenzing erschienen und habe dort die Menschen in Furcht und Schrecken versetzt. Gesehen habe man den Geist Bleistein allerdings nie. Nur die Dinge, die er um sich geworfen hatte, die zahllosen Teller und irdenen Töpfe, die zu Bruch gegangen waren, wenn er ein Haus heimsuchte. Ein echter Poltergeist sei er, flüsterte man am ganzen Oberlauf der Würm oberhalb von Menzing. Aber ganz leise, dass einen der Spuk nur nicht höre und in der folgenden Nacht heimsuche. Manch einem Ungläubigen sei dies schon geschehen, und er habe daraufhin bitter bereut, nicht an die Existenz dieses Geisterwesens geglaubt zu haben. Spätestens dann, wenn die Gläser in der Vorratskammer oder das gute Geschirr zerschlagen worden waren. So war es auch dem größten Bauern von Allach ergangen, und niemand wollte dessen Schicksal teilen!

Poltergeister galten als besonders gefährlich und bösartig, wohl wegen der Zerstörungswut ihres Treibens. Alle Versuche, den Geist Bleistein endgültig ins Jenseits zu befördern oder zumindest nur zu vertreiben, misslangen – bis es einem beherzten Allacher Pfarrer schließlich gelang, ihn in die Würm zu bannen. Es ist wohl ein ortsgebundener Poltergeist, der nun zwar nicht mehr die Menschen in ihren Häusern erschreckt, dafür aber in manchen Nächten mit lautem Zetern und Wehklagen späten Spaziergängern in den Würmauen an der Servetstraße einen kalten Schauer über den Rücken jagt.

Adresse Bleisteinstraße, 80999 München-Allach | **ÖPNV** S 2 bis Allach, dort in den Bus 164 umsteigen und bis Servetstraße fahren, die Servetstraße an der Würm entlang in nördlicher Richtung zur Lauthstraße hinaufgehen, dann links zur Bleisteinstraße | **Tipp** Nordwestlich der Bleisteinstraße befindet sich das Naturschutzgebiet Trockenbiotop Kies-Trasse. Oberhalb zweier schmaler Grundwasserseen findet man im Frühsommer eine besondere Blütenpracht mit seltener Flora und einer großen Vielfalt unterschiedlichster Schmetterlinge (Rudorffstraße, Ecke Dittmannweg).

47__Im Geisterhaus

Eine Bäuerin als Hexe und eingemauerte Leichen

Wenn auch nach dem Alphabet der erste, ist Allach doch nur einer von 56 Stadtteilen Münchens. Dafür aber mit einer ersten urkundlichen Erwähnung im Jahre 774 einer der ältesten. Entsprechend der langen Ortsgeschichte gibt es eine Vielzahl lokaler Überlieferungen, eine der schaurigsten erzählt vom Allacher Geisterhaus.

Im Süden des alten Ortskerns befindet sich das Hofgut »Beim Seemüller«, benannt nach dem dort im 18. Jahrhundert ansässigen Ignatz Seemüller. Errichtet wurde das Anwesen vermutlich auf den Grundmauern des ehemaligen Königshofs, wo sich Agnes Bernauer angeblich auf der Flucht vor den Schergen ihres Schwiegervaters versteckt hielt (siehe Ort 82). Doch nicht die unglückliche Baderstochter, sondern der Geist einer Seemüllerin soll darin umgehen. Vielleicht derjenige der Magdalena Seemüller, die nach dem Tod ihres Mannes um 1786 den Hof als Ehegut in ihre Wiederverheiratung einbrachte, womit der alte Name ausgelöscht war? Der alte Seemüller soll sich im Grabe umgedreht haben! So unheimlich sei es danach auf dem Hof zugegangen, dass es kein Dienstbote aushielt. Und dann noch eine Frau, die den Hof gar allein bewirtschaftete wie die Huber-Bäuerin Ende des 19. Jahrhunderts? Das konnte nur eine Hexe sein. In manchen Nächten soll man sie sogar mit dem Besen zum Kamin hinausfliegen gesehen haben. Als 1898 auch noch Sohn und Tochter der Witwe bei der Feldarbeit vom Blitz erschlagen wurden, galt der Hof als verflucht. Er ging durch mehrere Hände und fand erst im Ersten Weltkrieg als Schweinemästerei wieder Verwendung. Doch zum Entsetzen der Allacher hatte der Geisterspuk nicht nachgelassen, plötzlich sollen dort auch noch schaurige Totengestalten ihr polterndes Unwesen getrieben haben.

Die schreckliche Wahrheit kam bei Umbauarbeiten in den 1920er Jahren ans Licht: Unter den Futtertrögen im Stall entdeckte man gleich mehrere eingemauerte Leichen.

Adresse ehemaliges Hofgut »Beim Seemüller«, Eversbuschstraße 159, 80999 München-Allach | **ÖPNV** S 2 bis Allach, vom S-Bahnhof auf der Georg-Reismüller-Straße in nördlicher Richtung zur Ludwigsfelder Straße gehen, hier links zur Einmündung in die Eversbuschstraße | **Öffnungszeiten** nur von außen | **Tipp** Wie zur mentalen Erholung steht 50 Meter nördlich des düsteren Seemüllerhofs die goldstrahlende Allacher Marien-säule, zu deren Füßen man auf einem marmornen Podest Platz nehmen kann. Mit der Pasinger Mariensäule und der Mariensäule auf dem Marienplatz bildet sie das Münchner Mariensäulen-Dreigestirn.

48 Am Angerkloster

Poltergeist, christliche Mystik und realer Horror

Heute ist das Angerkloster ein freundlicher, einladender Gebäude-komplex: Schülerinnengeplapper trifft auf die besinnliche Ruhe der hellen Klosterkirche. Doch das war nicht immer so.

Im Jahre 1284 übernahm der Orden der Klarissen das Kloster am Jakobsplatz, um dort ein Leben in kontemplativer Abgeschiedenheit zu führen – was vermutlich zu einer verstärkten sensitiven Wahrneh-mung führte. Kaisertochter Agnes von Wittelsbach verstarb 1353 mit sieben Jahren im Zeichen der Stigmatisierung mit den Wundmalen Christi, Barbara von Wittelsbach nach vielerlei Visionen 1472 im Zeichen der Heiligkeit, ebenso wie Maria Anna von Wittelsbach (siehe Ort 60). Schwester Clara Hortulana (1662–1689) erschienen in der Klosterkirche mehrfach Teufel und arme Seelen, die sich mit Brandzeichen aus dem Fegfeuer auf ihrem Körper in der Klosterkir-che bemerkbar machten.

Können diese Biografien der christlichen Mystik zugeordnet werden, ist die Lebensgeschichte der Ordensschwester Magdalena Paumann realer Horror. Nachdem sie die Avancen des Beichtva-ters abgewiesen hatte, startete dieser einen Rachefeldzug, der für Schwester Magdalena zu einer kaum vorstellbar grausamen Kloster-kerkerhaft führte. Nur durch Zufall wurde sie 1769 nach neun Jahren befreit; es folgte eine kurfürstliche Untersuchungskommission, die weitere Fälle von sadistischer Gefangenschaft im Kloster aufdeckte und künftig die Klosterhaft verbot.

In diese Zeit fällt auch der Beginn des bekanntesten Angerspuks, als ein Poltergeist immer wieder die Klosterküche heimsuchte. Erst mit der Säkularisierung 1803 verschwand der Geist. 1944 wurde das Angerkloster bei Luftangriffen fast vollständig zerstört, dennoch haftet dem Ort noch heute ein ganz besonderes spirituelles Flair an, das vor allem am Grabe der Ordensgründerin der »Armen Schul-schwestern« Theresia Gerhardinger in der neu erbauten Klosterkir-che spürbar wird.

Adresse Angerkloster der Armen Schulschwestern von Unserer Lieben Frau, Unterer Anger 2, 80331 München-Altstadt; das Kloster erstreckte sich im gesamten Bereich zwischen Sankt-Jakobs-Platz, Blumenstraße, Hauptfeuerwache und Unterem Anger | **ÖPNV** U 3, U 6, S 1–S 8 bis Marienplatz, durch das Alte Rathaus zum Viktualienmarkt, weiter rechts entlang der Prälat-Zistl-Straße zum Jakobsplatz | **Öffnungszeiten** Klosterkirche Sankt Jakob zu den üblichen Kirchenöffnungszeiten (außer während der Gottesdienste) | **Tipp** Nach der Säkularisierung wurden die Gebeine der Wittelsbacher Klarissen Agnes, Barbara und Maria Anna in einem gemeinsamen Sarg in die ihrerseits durchaus unheimliche Fürstengruft der Theatinerkirche umgebettet (Sankt Kajetan, Salvatorplatz 2a, www.theatinerkirche.de).

49_In der Bürgersaalkirche

Pater Rupert Mayer erscheint den Gläubigen

Die angenehmste Form einer Spukgestalt ist eine »Erscheinung«, das Auftreten einer Person, die eigentlich gar nicht anwesend sein kann, weil sie verstorben oder ohnehin übersinnlichen Ursprungs ist. Zumeist bezieht sich diese Bezeichnung auf ein spirituell-religiöses Phänomen mit einer positiven Auswirkung auf alle Beteiligten. In der Krypta der Bürgersaalkirche, einst Druckerei und erst 1898 zur Kirche geweiht, sind solche Erscheinungen besonders häufig.

Die zweistöckige Bürgersaalkirche der Marianischen Männerkongregation ist so unauffällig in die Häuserfront der Neuhauser Straße integriert, dass sie viele Jahre lang nur von wenigen Gläubigen besucht wurde – bis im Jahre 1948 der Münchner Jesuitenpater Rupert Mayer, zentrale Figur des christlichen Widerstands gegen die nationalsozialistische Diktatur in München, dort seine letzte Ruhestätte fand.

Selbst infolge seines Einsatzes als Feldgeistlicher 1916 kriegsversehrt, wurde er nicht müde, von der Kanzel der Münchner Michaelskirche aus gegen das Terrorregime zu predigen und seiner Arbeit als Seelsorger nachzugehen. Insbesondere wegen der als Gesetzesbruch geahndeten »Wahrung des Beichtgeheimnisses« befand sich Pater Mayer immer wieder in politischer Haft. Bereits im Mai 1945 kehrte er an seine Münchner Wirkungsstätte zurück, wo er am 1. November desselben Jahres während einer Predigt einen tödlichen Schlaganfall erlitt.

1987 wurde Pater Rupert Mayer von Papst Johannes Paul II. seliggesprochen. Ausschlaggebend dafür war die Vielzahl der Berichte über den besonderen Trost, den Gläubige in ihren Gebeten zu dem als »14. Münchner Nothelfer« bezeichneten Jesuitenpater fanden, sowie dessen Rolle im christlichen Widerstand. Wer während seines Gebets in der Bürgersaalkirche die rechte Schulter der Bronzeplastik des Seligen berührt, soll den Geist des Paters schräg hinter sich als dunkel gekleidete Gestalt wahrnehmen können.

Adresse Bürgersaalkirche, Neuhauser Straße 44, 80333 München-Altstadt | **ÖPNV** U 4, U 5, S 1–S 8 bis Stachus (Karlsplatz), Ausgang Neuhauser Straße, in Richtung Marienplatz gehen, die Bürgersaalkirche befindet sich nach 120 Metern rechts | **Öffnungszeiten** tagsüber frei zugänglich außer während der Gottesdienste | **Tipp** Die Kreuzkapelle der Michaelskirche, in der Pater Rupert Mayer verstarb, ist in ihrer barocken Imposanz eine Besonderheit auch im kirchenreichen München (Neuhauser Straße 6, Eingang Ettstraße, Öffnungszeiten täglich 7.30–17 Uhr). Trotz des Schlaganfalls war Pater Mayer nicht gestürzt, seine Beinprothese hatte ihn aufrecht gehalten, was den Satz prägte: »Selbst im Tod ist Pater Mayer nicht umgefallen.«

50__Um die Höllentalangerhütte

Und die Fee ist mit umgezogen!

Seit Frühjahr 2017 ist München nicht nur um eine Attraktion, sondern auch um ein Spukwesen reicher. Die legendäre Fee vom Höllental soll mitsamt der von ihr über 100 Jahre lang immer wieder frequentierten Höllentalangerhütte von den Bergen nach München übersiedelt sein.

Der Sage nach war einst einem jungen Hirten aus Grainau im Höllental, das im Wettersteingebirge unterhalb der Zugspitze liegt, eine Bergfee erschienen. Die beiden verliebten sich, und er ging in ihrem Felsenschloss ein und aus, bis es kam, wie es kommen musste: Eines Tages verriet er zuerst ihre Existenz und verübte dann durch Gamsjagd gleich noch einen zweiten Frevel an ihr. Durch ihren Fluch versank der Hirte in einem schwarzen Bergsee. Doch die Fee hatte gar zu großen Gefallen an menschlicher Gesellschaft gefunden. Immer wieder lockte sie Hirten oder Jäger in ihr Reich, und als 1894 die Höllentalangerhütte feierlich eingeweiht wurde, raunten schon bald die ersten Stimmen, dass sie etwas Seltsames gesehen hätten. Über die Jahre wurden die Gerüchte lauter, manche Bergsteiger schworen Stein und Bein, dass ihnen die Fee vom Höllental erschienen sei.

Nach 120 Jahren war die Hütte so sehr in die Jahre gekommen, dass es mit einer Renovierung nicht mehr getan war. Ab September 2013 wurde sie abgetragen und musste einem Neubau weichen, der im Sommer 2015 eröffnet wurde. Kurz darauf erwachte aber die »Ur-Hölle« zu neuem Leben, Balken für Balken war sie auf die Münchner Praterinsel transloziert worden. Schon bei der Anlieferung der Bauteile soll es zu seltsamen Ereignissen gekommen sein, eine durchscheinende Frau habe angeblich Tag für Tag die Bauarbeiten beobachtet. Vermutlich war es dasselbe Wesen, das seitdem oft in der Abenddämmerung rund um die alte Hütte beobachtet werden kann und – so heißt es – gern die Gesellschaft junger Männer sucht.

Adresse Höllentalangerhütte im Garten des Alpinen Museums, Praterinsel 5, 80538 München-Altstadt | **ÖPNV** S 1–S 8 bis Isartor | **Öffnungszeiten** Di–So 10–18 Uhr, geschlossen an Heiligabend, 1. Weihnachtsfeiertag, Silvester, Neujahr und Faschingsdienstag | **Tipp** Die Lukaskirche am über die Mariannenbrücke erreichbaren westlichen Isarufer ist mit Sicherheit die schönste evangelische Kirche Münchens. Vor allem in den frühen Abendstunden wirkt sie mit ihrem lichtdurchfluteten Raum wie eine der großen romanischen Kathedralen und wird nicht zu Unrecht »Dom der Münchner Protestanten« genannt (tagsüber frei zugänglich).

51 Am Isartor

Der Teufel sucht das Isartor heim

Heute ist kaum mehr vorstellbar, dass dem Isartor nach seiner Fertigstellung im Jahre 1337 der wassergefüllte Graben der zweiten Stadtbefestigung vorgelagert war und es nur über eine Brücke erreicht werden konnte. Die Gegend davor war den Münchnern nie ganz geheuer, war es doch der Haupteingang zur Stadt von der Salzstraße her, von wo alles Fremde und potenziell Gefährliche kam. Und als der Schwedenkönig Gustav Adolf im Mai 1632 bei seinem Einmarsch in München das Stadttor durchritt, hieß es zudem, er habe den Teufel mitgebracht, der dort danach immer wieder in späten Abendstunden als Nebelgestalt erschien. Glücklicherweise musste sich niemand nachts vor dem Isartor aufhalten, nach Sonnenuntergang war der Zugang in die Stadt nur noch über das südwestlich gelegene Einlasstor möglich.

So wie die Erinnerung an die Schweden allmählich verblasste, verblassten mit der Zeit auch die Teufelserscheinungen. Als man ab 1795 begann, die Stadtmauern abzutragen, wurde aus der Unterländе ein belebtes Stadtgebiet, ein Teufel hatte hier nichts mehr verloren! Doch mit der Eröffnung des Isartortheaters westlich des Isartorturms im Bereich der heutigen Grünanlage zwischen Westenrieder- und Frauenstraße im Jahre 1812 kehrte er zurück. Schon vor dem ersten Spielabend erzählten Garderobenfrauen und Ankleiderinnen von seltsamen Nebelwallungen auf der leeren Bühne. Wurden sie zunächst noch von den Bühnenarbeitern ausgelacht, besannen sich diese bald eines Besseren. Lange konnte sich der Teufel aber nicht an seiner neuen Wirkungsstätte erfreuen, schon 1825 senkte sich der letzte Isartortheatervorhang, im Zweiten Weltkrieg wurde das Gebäude zerstört.

Der Teufel soll sich eine neue Ecke für sein Treiben gesucht haben, vor allem an späten Herbstabenden kann man immer wieder seltsame Nebelschwaden durch die verwinkelten Torbögen des restaurierten Isartors ziehen sehen.

Adresse Isartor, Tal 50, 80331 München-Altstadt | **ÖPNV** S 1–S 8 bis Isartor | **Tipp** Auf der Nordseite des Isartors ist ein Münchner Kuriosum zu bewundern. Seit 2005 befindet sich dort eine Turmuhr, die entsprechend der Erkenntnis von Altkanzler Willy Brandt, »In Bayern gehen die Uhren anders«, rückwärtsläuft. Die römischen Ziffern sind einfach verkehrt herum angeordnet.

52__Um den Jungfernturm

Unheimliche Erinnerung an den Geheimen Rat

Eine Oubliette ist die unangenehmste Form eines Kerkers. Von einem Keller aus ragt sie wie eine Bocksbeutelflasche mehrere Meter in den Untergrund hinunter, sodass die Hineingestoßenen keine Möglichkeit mehr haben herauszukommen. Allein gelassen mit den sterblichen Resten ihrer Vorgänger schmachten sie im Dunkeln ihrem Tod entgegen. Solch eine Oubliette mit menschlichen Knochen darin fand Stadtbaudirektor von Schedel zu seinem größten Entsetzen, als er 1804 den Abbruch des in den Jahren 1485 bis 1488 als Artilleriebastion an der Münchner Stadtmauer errichteten Jungfernturms beaufsichtigte. Dort tagte einst der berüchtigte Geheime Ausschuss unter dem kurfürstlichen Rat von Lippert. Hier sollen Todesurteile gefällt worden sein, die sogleich und ohne jedes Aufsehen vollzogen wurden. Vor dem Tisch des Tribunals befand sich Gerüchten nach eine Statue der Jungfrau Maria, die der Verurteilte küssen musste, worauf sich unter ihm eine Klappe öffnete und er in die Tiefe stürzte. Tatsächlich herrschte während der Regierungszeit von Kurfürst Karl Theodor ein gefürchtetes Spitzelregime, und nicht nur der Hauptmann des churbayerischen Leibregiments, Franz von Unertl, wurde mit dem berüchtigten schwarzen Einspänner abgeholt und in den Jungfernturm gebracht – wo sich seine Spuren verloren.

Alles, was heute von der einstmals mächtigen Münchner Stadtmauer geblieben ist, ist eine Rückwand des Jungfernturms, die sich unauffällig in die Straßenfassade einfügt. Doch noch immer ist es ein unheimlicher Ort. So wird berichtet, dass in der Nacht auf den 7. Januar ein junger, gut aussehender Mann in blauem Frack und kniehohen Lederstiefeln zu einer eng anliegenden weißen Hose dort auf und ab geht.

Es ist die Nacht, in der Franz von Unertl von dieser Welt verschwand. Er soll nicht der einzige Geist dort sein, aber er ist der einzige namentlich bekannte.

Adresse Stadtmauer und Jungfernturm, Jungfernturmstraße, 80333 München-Altstadt | **ÖPNV** U3–U6 bis Odeonsplatz, auf der Brienner Straße nach Westen bis zum Amiraplatz gehen, hier links und nach 20 Metern rechts in die Jungfernturmstraße | **Tipp** Mit dem Tod Karl Theodors und dem Amtsantritt von Kurfürst Maximilian I. atmeten die Bayern auf, der Geheime Ausschuss und die nächtlichen Todesurteile waren Vergangenheit. Vielleicht setzten sich deshalb viele Münchner dafür ein, dass sein Reiterstandbild in unmittelbarer Nähe des Jungfernturms am Wittelsbacherplatz aufgestellt wurde?

53 Auf der Ludwigsbrücke

Der Tod zeigt sich den Schaulustigen

Es war der Spätsommer des Jahres 1813, Ausklang und vorläufiger Höhepunkt einer seit Monaten dauernden Schlechtwetterperiode. Die Folge war ein unzähmbares Hochwasser entlang der Voralpenflüsse, die Isar war zu einem reißenden Strom geworden. Längst hatte man die Flößerei eingestellt, die Wassermassen hatten die Uferböschungen so schwer beschädigt, dass in der Au mehrere Gebäude fortgeschwemmt zu werden drohten. Zahlreiche Schaulustige drängten sich deshalb auf der Brücke, die die Altstadt mit der Au verband. Herzog Heinrich der Löwe hatte sie an dieser Stelle 1158 als einzigen Isarübergang für die von Reichenhall kommende Salzstraße und als Grundpfeiler für die Stadtgründung Münchens erstmalig errichten lassen. Bis in die 1830er Jahre war das »Schwanenbrücke« genannte Bauwerk die einzige Isarbrücke Münchens.

Etwa 200 Menschen befanden sich am frühen Abend auf dem östlichen Brückenteil, der die Kohleninsel (heute Museumsinsel) mit der Au verband. Das Hochwasser-Spektakel muss derart beeindruckend gewesen sein, dass niemand auf die Warnung einer Totengräberin hörte. Diese hatte sich gerade mit einem Kruzifix auf dem Schubkarren ihren Weg durch die Menge gebahnt, als sie mit einem Male leichenblass wurde und erschrocken rief: »Schaut's da, da steht der Tod vor euch, seht's ihn ned?« Nur wenige verließen daraufhin die Brücke, es rettete ihnen das Leben. Kurz darauf stürzten die vier Brückenpfeiler ein und rissen über 100 Münchner in den Tod.

Exakt 86 Jahre später, es war wieder der 13. September, wurde die Stadt München erneut von einem Hochwasser heimgesucht, so schwer wieder, dass die erst 1876 erbaute Tivolibrücke einstürzte. Doch kein Mensch kam dabei zu Schaden, niemand hatte sich zum Unglückszeitpunkt mehr auf der Brücke befunden. Der Tod sei ihnen erschienen, sagten später diejenigen, die sich gerade noch rechtzeitig in Sicherheit hatten bringen können.

Adresse Ludwigsbrücke, 80538 München-Altstadt | **ÖPNV** S 1– S 8 bis Isartor, über die Zweibrückenstraße zur Isar | **Tipp** Auf dem nördlichen Teil der heute von der Ludwigsbrücke überspannten Museumsinsel befindet sich der Vater-Rhein-Brunnen, der einst vom Münchner Bildhauer Adolf von Hildebrand für die Stadt Straßburg geschaffen wurde, nach dem Ersten Weltkrieg aber dort entfernt und von der Stadt München angekauft wurde.

54__ Vor der Maxburg

Beschützt vom Geist der Kurfürstin

Wie fast die ganze Münchner Innenstadt war auch die Maxburg nach dem Krieg zerstört – bis auf den Burgturm, der sich in all seiner Renaissancepracht aus den Ruinen erhob. Die Münchner raunten, dies sei das Werk der Kurfürstin Maria Anna gewesen, die das Heim ihres Lieblingssohnes beschützt hatte, so gut sie es als Geist eben vermochte.

Maria Anna von Österreich hatte nach dem Ende des Dreißigjährigen Krieges den um 37 Jahre älteren bayerischen Kurfürsten Maximilian I. geheiratet. Trotz des Altersunterschieds war es eine glückliche Ehe, aus der zwei Söhne hervorgingen: der spätere Kurfürst Ferdinand Maria und der jüngere Maximilian Philipp. Maria Annas Wirken beschränkte sich nicht auf familiäre Angelegenheiten, ihr Mann beteiligte sie auch an Regierungsgeschäften, was ihr bei der Übernahme der Regentschaft für Ferdinand Maria nach dem Tod ihres Gatten zugutekam. Als Politikerin war Maria Anna geachtet und sogar gefürchtet – von ihren Söhnen aber hoch verehrt und geliebt. Wohl deshalb blieb Maria Anna in München, anstatt sich auf ihren Witwensitz auf der Burg Trausnitz zurückzuziehen. Bis zu ihrem Tod 1665 war sie in der von ihrem Sohn Maximilian Philipp neu gestalteten Maxburg ein häufiger und gern gesehener Gast.

Drei Jahre nach dem Tod der Kurfürstin, im Winter kurz nach der Hochzeit von Maximilian Philipp mit der französischen Adeligen Maurita de la Tour d'Auvergne, wurde ihr Geist das erste Mal in der Maxburg gesehen. Ein wachhabender Soldat hatte sie angerufen und war bei ihrem Anblick vor Schreck bewusstlos in den Schnee gesunken. Oftmals noch wurde Maria Anna gesehen, wie sie die Maxburg betrat und lautlos durch die Gänge wandelte. Besonders gern soll sich der stets wohlwollende Geist, der nie einer Seele etwas Böses anhaben wollte, im Burgturm aufgehalten haben. In manchen Winternächten, so heißt es, kann man ihm dort noch heute begegnen.

Adresse Maxburgturm, Pacellistraße 3, 80333 München-Altstadt | **ÖPNV** U 4, U 5, S 1– S 8 bis Stachus (Karlsplatz), Ausgang Lenbachplatz, in Richtung Maximiliansplatz gehen, dann rechts in die Pacellistraße einbiegen | **Öffnungszeiten** Turm nur von außen zu besichtigen, das Erdgeschoss ist jedoch durch Torbögen betretbar | **Tipp** Einen besonders guten Blick auf den Maxburgturm hat man von der Dachterrasse des Hotels Bayerischer Hof aus, wo man im Blue Spa dazu stilvoll Latte macchiato und Sonnenuntergang genießen kann (Promenadeplatz 2 – 6, Tel. 089/2120875, www.bayerischerhof.de).

55 Beim Maxtor

Wo der dicke Mann durch die Straßen schleicht

Die Szene könnte einem Edgar-Wallace-Krimi entstammen: Es ist ein später Abend im Herbst, feiner Nebel liegt in den Straßen. Beschwingt von einem geselligen Abend überquert ein Mann den Maximiliansplatz und schreitet durch das Maxtor, um zu seinem Haus im Kreuzviertel zu gehen, da taucht neben ihm ein unmäßig dicker Mann auf. Nicht klein, sondern eher groß und auf jeden Fall fast so breit wie hoch! Den späten Spaziergänger beschleicht ein mulmiges Gefühl, es scheint ihm, als hätte der Unbekannte auf ihn gewartet. Doch dieser rührt sich nicht von der Stelle, als der Mann an ihm vorbeigeht. Dennoch beschleunigt er seinen Schritt – muss jedoch bemerken, dass ihm der Dicke folgt. Jedes Mal wenn er den Kopf leicht dreht, sieht er die Gestalt dicht hinter sich. Endlich erreicht er seine Haustüre, drückt sie auf, greift den schweren Schirmständer, um sich jetzt verteidigen zu können, und dreht sich damit in einer einzigen fließenden Bewegung um – doch wo er eben noch die dicke Gestalt gewahrte, ist nun nichts mehr. Der dicke Mann hat sich in Luft aufgelöst.

Binnen mehrerer Wochen häuften sich die Berichte über den dicken Mann, der es auf die Gesellschaft später Passanten abgesehen zu haben schien. Stets erschien er ihnen kurz vor oder kurz nach der Durchquerung des Maxtors. Ein Tor, das erst in den Jahren 1804 bis 1805 im Bereich des wenige Jahre zuvor aufgelösten und samt Kirche und Friedhof eingeebneten Rochus-Spitals als Tordurchfahrt durch die überflüssig gewordene Stadtmauer errichtet worden war.

Noch heute soll der Geist unvermittelt erscheinen, jeder, der seiner ansichtig wird, ist überwältigt von einem Gefühl des Erschauderns. Das gleiche Gefühl, das manche Menschen auch überkommt, wenn sie sich in die Laibung des zur Maxtoranlage gehörigen Grottenbrunnens hineinstellen.

War dort einst das Grab eines in seiner Totenruhe gestörten dicken Mannes?

Adresse Maxtor, Maximiliansplatz, Ecke Prannerstraße, 80333 München-Altstadt | **ÖPNV** U 4, U 5, S 1–S 8 bis Stachus (Karlsplatz), Ausgang Lenbachplatz, in Richtung Maximiliansplatz gehen, dann rechts in die Prannerstraße einbiegen | **Tipp** Auf der der Prannerstraße gegenüberliegenden Seite des Maximiliansplatzes steht der bemerkenswerte Nornenbrunnen. Neben den unbeirrt vor sich hin plätschernden Schicksalsgöttinnen Urd, Verdandi und Skuld, die nach germanischem Glauben den Lebensfaden spinnen und wieder abschneiden, laden mehrere Parkbänke im lichten Schatten zum Verweilen ein.

56 Am Münchner Hexenturm

Wo die Hexen der Stadt gefoltert wurden

Einer der nicht nur aufgrund legendärer Überlieferungen düstersten und auch bei Sonnenschein unheimlichsten Orte Münchens ist der alte Hexenturm. Dabei ist er inzwischen genauso abgerissen wie sein Ergänzungsbau, der Falkenturm.

Diesem vorgelagert standen früher zwei Türmchen, zwischen denen der Pfisterbach aus der Stadt floss. Die Sparkassenstraße folgt dem ehemaligen Bachlauf, beginnend auf der Rückseite der heutigen Maximilianstraße 8, wo einst der Falkenturm stand. Der Hexenturm befand sich an der Rückseite von Nummer 6. Von den beiden Fronvesten war nur der Hexenturm für Hexen und der Zauberei Verdächtige reserviert.

Eines der letzten Opfer dieser dunklen Zeit in München war ein 17-jähriges Mädchen namens Theresia Kaiser. Nachdem sie sich gegen die lüsternen Avancen ihres Dienstherrn zur Wehr gesetzt hatte, war sie von diesem der Hexerei beschuldigt worden, hatte unter Folter aberwitzige Verbrechen wie die Teilnahme an Hexentänzen gestanden und war schließlich zum Tode durch Schwert und Feuer verurteilt worden. In der Nacht vor der Hinrichtung fiel einer der Schildwachen eine Fledermaus auf, die aus der Zelle der Verurteilten herausflog, wo Theresia besinnungslos und nackt lag. Das Armesünderhemd, mit dem sie bekleidet gewesen war, war verschwunden. Eilends wurde das Urteil am nächsten Morgen vollstreckt. Erst danach fand man ihren Ankläger: tot, erdrosselt vom Armesünderhemd der Hingerichteten. In der Nacht nach ihrem Tod erschien Theresia den Wachen, verwandelte sich vor ihren Augen in eine Fledermaus und flog in den Nachthimmel hinauf.

Es war nicht das letzte Mal, dass das Mädchen gesehen wurde. Noch heute soll sie, jung und schön, mit langen schwarzen Haaren und in ein weißes Hemd gekleidet, in dem Hinterhof erscheinen, wo sich einst der Hexenturm befand. So wie auch andere, die dort Folter und Qual über sich ergehen lassen mussten.

Adresse Hinterhof der Maximilianstraße 6 und 8, 80331 München-Altstadt | **ÖPNV** U 3, U 6, S 1– S 8 bis Marienplatz, über die Dienerstraße zum Hofgraben gehen, rechts abbiegen und weiter bis zur Sparkassenstraße, dann links; wo die Sparkassenstraße auf die Falkenturmstraße trifft, befindet sich der Hinterhof linker Hand | **Öffnungszeiten** immer zugänglich | **Tipp** Die ehedem vom Pfisterbach betriebene Mühle war die Pfistermühle, in der sich bis in die 1950er Jahre der Firmensitz der traditionsreichen Münchner Hofpfisterei befand. Das efeubewachsene Mühlenhaus in der Pfisterstraße 4 wirkt mindestens genauso verwunschen wie Krabats Mühle!

57__Auf dem Promenadeplatz

Ein Geizhals spukt als Geisterkater

Im Winter 1981/82 berichteten nächtliche Passanten gehäuft von ganz seltsamem Miauen am Promenadeplatz. Es schien aus einem der Geschäftshäuser zu kommen, doch niemand konnte das Tier entdecken. Wochen vergingen, bis ein findiger Zeitungsredakteur einer seltsamen Geschichte auf die Spur kam, die ihren Anfang in der Zeit der großen Hungersnöte hat. Der Promenadeplatz war zu dieser Zeit auf beiden Seiten von mehrstöckigen Lagerstädeln gesäumt, einer davon gehörte einem Geschäftsmann, der auch Wohnraum an Tagelöhner vermietete und durch Spekulationsgeschäfte mit dem knappen Rohstoff Getreide reich geworden war. Um die Wohneinheiten als zusätzliches Lager nutzen zu können, kündigte er einer neunköpfigen Familie, die damit mitten im Winter obdachlos wurde. Im Gehen verfluchte ihn die verzweifelte Mutter mit den Worten:»Ratten und Mäuse sollen über deine Speicher kommen und alles vernichten!«

Innerhalb kürzester Zeit hatten die Schädlinge tatsächlich alles Getreide aufgefressen, der Getreidespekulant war ruiniert. Da erhängte er sich am Firstbalken seines Kornspeichers. Doch er fand keine Ruhe. Als kohlschwarzer Geisterkater jagte er noch im Tode unter schauderhaftem Miauen imaginären Mäusen hinterher. Bis ein Jesuitenpater dem Spuk ein Ende setzte und den Geist in das Erdinger Moos bannte. Weshalb war das unheimliche Tier nun 1981 zurückgekehrt? Es musste mit dem Baubeginn des neuen Münchner Flughafens im Erdinger Moos ab November jenes Jahres zusammenhängen!

Spukspezialisten versuchten mehrfach, des Geisterkaters habhaft zu werden, doch offenbar erfolglos. Noch immer kann in manchen Winternächten am Promenadeplatz der unheimliche Katzenruf gehört werden, der die Menschen schon vor 500 Jahren erschreckt hat. Eine Laune der Stadtplanung ist es wohl, dass sich dort, wo einst der Geizhals lebte, heute der Unternehmenssitz eines großen Bankhauses befindet.

Adresse Promenadeplatz, 80333 München-Altstadt | **ÖPNV** U3, U6, S1–S8 bis Marienplatz, auf der Weinstraße Richtung Odeonsplatz gehen und nach 230 Metern links in die Maffeistraße abbiegen, die direkt in den Promenadeplatz übergeht | **Tipp** Am westlichen Ende des Promenadeplatzes befindet sich die Dreifaltigkeitskirche. Sie wurde erbaut, nachdem die karmelitische Mystikerin Maria Anna Lindemayer die Vision gehabt hatte, dass durch den Bau einer von den drei Ständen Klerus, Adel und Bürgern gemeinsam finanzierten Dreifaltigkeitskirche die Stadt von den Folgen des Spanischen Erbfolgekriegs verschont werden würde. Es heißt, dass an diesem Ort noch heute Visionen möglich seien (Pacellistraße 6).

58 Auf dem Radlsteg

Geisterkatzen heften sich an Mädchenfersen

Es gibt Straßen in München, die sind oft nicht einmal den gebürtigen Münchnern bekannt. Der Radlsteg gehört dazu, eine dunkle Altstadtgasse von nur 100 Metern Länge, die das Tal mit der Westenriederstraße verbindet. Durch ihn floss bis Ende des 19. Jahrhunderts der Katzenbach, einer der inneren Stadtbäche. Passierbar war die Gasse über einen Steg auf der Westseite des Bachlaufs. Das namensgebende Radl bezeichnete ein Drehkreuz auf der Nordseite des Stegs, das Handwagen und Reiter am Passieren hindern sollte. Am Ende des Stegs befand sich der Katzenturm, eines der Stadttore der zweiten Münchner Stadtmauer. Meist ist in Beschreibungen der Stadtgeschichte zu lesen, dass sich der Name »Katzenbach« von einer Kriegsmaschine ableitet, die sich dereinst im Katzenturm befunden haben soll. Diese »Katze« ist allerdings eine rammbockähnliche Belagerungswaffe, die in Verteidigungstürmen wenig Sinn macht.

Tatsächlich stammt der Name wohl eher von einem grausamen Brauch. Obwohl Katzen in einer Stadt wie München als Mäuse- und Rattenjäger überlebenswichtig waren, durfte ihre Zahl nicht überhandnehmen. Vor allem schwarze Katzen galten zudem als Hexentiere. Kurzum, überzählige Katzen, vor allem wenn sie schwarz waren, mussten beseitigt werden. Eine gebräuchliche Methode war das Ertränken der jungen Kätzchen, naheliegenderweise in einem leicht zugänglichen Fließgewässer. Trotz aller vermeintlichen Notwendigkeit eine Sitte, die man in der Stadtgeschichte gern vergisst.

Junge Frauen und Mädchen wundern sich nicht unbedingt, wenn ihnen kurz nach Einbruch der Dämmerung am Radlsteg eine kleine Katze schnurrend um die Beine streicht und sie bis zum Ende der Gasse unter leisem Maunzen begleitet. Nur dass die Tiere urplötzlich wie vom Erdboden verschluckt sind, wenn man sich bückt, um sie zu streicheln, hat schon häufig für irritierte Blicke gesorgt.

Adresse Radlsteg, 80331 München-Altstadt | **ÖPNV** U 3, U 6, S 1–S 8 bis Marienplatz, durch das Alte Rathaus ins Tal gehen, der Radlsteg zweigt nach 170 Metern rechts ab | **Tipp** An der Giebelfassade des Hauses Radlsteg 2 befindet sich eine Wandmalerei, die zeigt, wie der Radlsteg einst mit Katzenbach und Steg ausgesehen hat.

59 Am Rappeneck

Kopflose Geister an der alten Richtstatt

Ausgerechnet von einem Inhaber des Lehrstuhls für Geburtshilfe an der Münchner Universität stammt die umfassendste Übersicht über die Zusammenstellung der ehemaligen Münchner Richtstätten – die dieser allerdings in seiner Funktion als Direktor des Historischen Vereins von Oberbayern verfasste. Zu diesem Bericht war Professor Anselm Martin durch wenige Jahre zuvor zwischen Rappeneck und Hofstatt gefundene menschliche Knochenreste angeregt worden, die dort offensichtlich nur notdürftig verscharrt worden waren – charakteristisch für eine mittelalterliche Richtstatt. Hierzu passend lautete der frühere Flurname »Am Rabenberg«, an der Hofstatt befand sich der Rabenstein, und das Rappeneck war ehedem das Rabeneck. Raben sind die klassischen Galgenvögel. Als Aasfresser warteten sie einst darauf, sich nach der Urteilsvollstreckung wie eine schwarze Wolke auf die Gehängten oder Geräderten zu stürzen. Hinrichtungsstätten wurden deshalb als Rabensteine bezeichnet.

Mit der Vergrößerung der Stadt und dem Bau eines zweiten Stadtmauerrings wurde auch die Richtstätte verlegt, der Rabenberg wurde zur Wohngegend. Mit einem Rappen, wie er auf dem Steinrelief dargestellt ist, hat dieser Ort also nichts zu tun. Ob sich der Name »Rabeneck« im Laufe der Jahrhunderte abgeschliffen hat oder ob ein findiger Hausbesitzer mit der unauffälligen Umbenennung sein Anwesen endgültig vom Stigma der Richtstätte reinwaschen wollte, ist nicht bekannt.

Doch auch mit seiner neuen Funktion blieb das Rappeneck ein unheimlicher Ort. Sogar der um historische Genauigkeit bemühte Anselm Martin berichtet von geisternden Hingerichteten, die mit ihrem Kopf unter dem Arm des Nachts zwischen Rappeneck und Hofstatt umgehen. Es heißt, noch heute könne man ihnen begegnen, wenn man in finsteren Neumondnächten vom einsamen Sattlerplatz durch den dunklen Färbergraben zum Rappeneck geht.

Adresse Am Rappeneck, Sendlinger Straße 4, 80331 München-Altstadt | **ÖPNV** U 3, U 6, S 1– S 8 bis Marienplatz, über die Rosen- zur Sendlinger Straße, das Rappeneck befindet sich am Beginn der Sendlinger Straße an der Ecke zum Färbergraben | **Tipp** Die Hofstatt ist inzwischen eine trendige Einkaufspassage, nicht nur an lauen Sommerabenden bietet es sich unbedingt an, auf der großzügigen und zum Teil überdachten Innenhof-Terrasse der Cole & Porter Bar stylish zu schlemmen, bis der Geisterspuk beginnt! (Sendlinger Straße 10, Tel. 089/81893854, www.coleandporter.de)

60 In der Residenz

Die Schwarze Frau kündet vom Tod

Es ist das erlauchteste Gespenst Münchens, eine Dame durch und durch, auch wenn sie ihr Gesicht hinter einem Schleier verbirgt und ihr Erscheinen ein Unglück ankündigt. Jedes Mal zeigte sie sich vor einem Todesfall im Hause Wittelsbach.

Unter Kurfürst Maximilian I. erhielt die Residenz ihre heutige Form, wobei auch der Zugang zum Brunnenhof entstand. Dort wurde die Schwarze Frau bislang am häufigsten beobachtet, obwohl die Beschreibungen einer Dame, die lautlos alle Türen öffnen könne, zunächst als Ausreden nachlässiger Palastwachen galten. Erst als eine Gräfin König Max I. nach der schwarzen Dame in seiner Begleitung fragte, die sie tags zuvor mit ihm in der Hofkirche gesehen habe, und der König am Tag darauf starb, wurden die Gerüchte lauter, bei der von den Palastwachen beobachteten Gestalt handle es sich um eine Todesbotin der Wittelsbacher.

1854 soll die Schwarze Frau den Tod von Königin Therese angekündigt haben und mit ihrem aufsehenerregenden Erscheinen auf einem Ball bei der Eröffnung des Residenztheaters 1864 sogar zwei Todesfälle, den Tod von König Max II. und von Erzherzogin Hildegarde. Auch dem Tod Ludwigs II. soll das Erscheinen der Schwarzen Frau vorausgegangen sein. Zuletzt zeigte sie sich Prinz Adalbert von Bayern 1969 vor dem Flugzeugabsturz seines Sohnes Konstantin.

Doch wer ist die geheimnisvolle Todesbotin? Einige Details weisen auf Maria Anna Karoline von Bayern (1696 – 1750), Tochter des Kurfürsten Max II. Emanuel und Schwester von Kurfürst Karl Albrecht, dem späteren Kaiser Karl VII., hin. Maria Anna war als Seele der kurfürstlichen Familie bekannt, sie hatte ihre Geschwister während des Exils ihrer Eltern allein in der Münchner Residenz aufgezogen und wurde schon zu Lebzeiten als Mystikerin verehrt, nachdem sie 1719 in das Klarissenkloster am Anger (siehe Ort 48) eingetreten war und dessen schwarze Ordenstracht trug.

Adresse Zugang zum Brunnenhof der Residenz: Residenzstraße, 80333 München-Altstadt | **ÖPNV** U 3, U 6, S 1– S 8 bis Marienplatz, über Dienerstraße und Max-Joseph-Platz in die Residenzstraße, der Brunnenhof befindet sich hinter dem ersten, von *zwei* Bronzelöwen flankierten Zugang in die Residenz | **Öffnungszeiten** tagsüber immer zugänglich außer bei Veranstaltungen | **Tipp** Einer Überlieferung nach soll es Glück bringen, allen vier Portallöwen an der Residenzstraße nacheinander über die Nase zu reiben, denn damit sollen die vier Kardinaltugenden, die auf Schildern oberhalb der einzelnen Löwen stehen, auf einen übergehen: Prudentia, die Weisheit, Iustitia, die Gerechtigkeit, Fortitudo, die Kraft, und Temperamentia, die Selbstbeherrschung.

61 Am Salvatorplatz
Auf dem Leichenacker

Wer jemals an einem sonnigen Tag die Münchner Altstadt durchstreift hat, muss den Eindruck bekommen, dass es dort keinen Ort gibt, der nicht von unzähligen Münchnern wie Besuchern gleichermaßen frequentiert ist. Doch es gibt sie, scheinbar einsame Orte, zum Beispiel den Salvatorplatz. Rundum stehen Bänke, Bäume verbreiten einen angenehmen Halbschatten. Und doch lässt sich kaum jemand hier nieder.

Im 15. Jahrhundert soll eine alte Frau im Alten Peter die geweihte Hostie geraubt haben, natürlich um damit eine Hexensalbe zu kochen. Kirchenbesucher und Stadtwache verfolgten sie, bis sie die damit offenbar gewordene Hexe am heutigen Salvatorplatz niederringen und für ihren Frevel umgehend erschlagen konnten. Doch die Hostie war zu Boden gefallen! Eine Gotteslästerung, die nur durch den Bau einer Kirche gesühnt werden konnte.

Es bot sich an, bei der neuen Kirche gleich einen Friedhof einzurichten. 1494 wurde Sankt Salvator als Friedhofskirche eingeweiht. Ihre ursprüngliche Bestimmung ist noch am breiten Seitenportal sichtbar, durch das einst die Toten hinausgetragen wurden. Entsprechend kurfürstlichem Beschluss wurde der Friedhof 1789 aus hygienischen Gründen aufgehoben, der Platz sollte fortan als Markt dienen. Eine Flächennutzungsänderung, die sich jedoch nie durchgesetzt hat. Es wollte einfach kein Shopping-Plausch aufkommen, wie man es heute formulieren würde. Die Friedhofskirche fristete derweil ein rechtes Schattendasein, bis König Ludwig I. sie 1828 der griechisch-orthodoxen Gemeinde in München zur Nutzung überließ.

Seitdem ist die Kirche mit Leben erfüllt, goldene Ikonen tauchen sie in einen strahlenden Glanz – doch der alte Leichenacker außerhalb der Kirchenmauern ist ein unheimlicher Ort geblieben, an dem nicht nur die dereinst erschlagene Hexe erscheint, sondern sich auch hie und da die Toten in den eingeebneten Gräbern bemerkbar machen sollen.

Adresse Salvatorplatz, 80333 München-Altstadt | **ÖPNV** U 3 – U 6 bis Odeonsplatz, auf der Theatinerstraße Richtung Marienplatz, nach 170 Metern rechts in die Salvatorstraße abbiegen und bis zur Salvatorkirche gehen; der ehemalige Friedhof befindet sich im Nordwesten der Kirche | **Tipp** Das im Norden des Salvatorplatzes gelegene Literaturhaus ist ein einmaliger Treffpunkt für Schriftsteller, Verleger, Buchhändler und Journalisten, der sich seit seiner Eröffnung 1993 durch jährliche Sonderausstellungen auch einen internationalen Ruf als Hort der deutschen Literatur schaffen konnte (www.literaturhaus-muenchen.de).

62 — Beim Schönen Turm

Der unschuldige Goldschmied mahnt als Geist

Der neue Stadtturm war noch nicht lange eingeweiht, da ereignete sich dort eine Geschichte, die sich tief in das Sagengedächtnis Münchens eingraben und den Ort zu einem echten Spukplatz werden lassen sollte.

In einem an den nach seinen reichen Verzierungen und Malereien benannten »Schönen Turm« angrenzenden Haus in der Kaufingerstraße befand sich im 16. Jahrhundert die Werkstatt eines Goldschmieds. Als dieser an einem Sommertag gerade das silberne Geschmeide eines angesehenen Bürgers ausbesserte, wurde er zum Mittagsmahl gerufen. Bei seiner Rückkehr an den Arbeitsplatz war der Schmuck verschwunden. Jeder Einbruchsdiebstahl war auszuschließen, durch die gekippten Oberfenster hätte sich keine Menschenseele hindurchzwängen können. Obwohl er seine Unschuld beteuerte, wurde er zum Tode verurteilt. Als er durch den Schönen Turm zum Galgen (siehe Ort 74) geführt wurde, waren seine letzten Worte, dass dereinst das von seiner Hand geschmiedete Henkersglöckchen des Schönen Turms seine Unschuld beweisen würde und immer läuten solle, wenn ein Unschuldiger hingerichtet werde.

Es kam so, wie es der Unglückliche vorhergesagt hatte. Als wenige Jahre später Renovierungsarbeiten am Turm stattfanden, da sich die Glocke nicht mehr frei bewegen ließ und auch das Dach undicht war, entdeckten die Bauarbeiter ganz oben, auf dem obersten Balken des Dachstuhls, ein Elsternnest – und darin den vermissten Silberschmuck. Sobald die Preziosen freigelegt waren, begann die Henkersglocke wie von Geisterhand zu läuten, und die räuberischen Elstern stoben vom Turmdach auf, um die Münchner Altstadt für immer zu verlassen.

Viele Münchner schwören heute noch Stein und Bein, die Anwesenheit des zu Unrecht gehängten Goldschmieds zu spüren, wenn sie sich auf dem grauen Pflastergeviert aufhalten, das den Standort des Turms markiert.

Adresse Kaufingerstraße, Ecke Augustinerstraße, 80331 München-Altstadt | **ÖPNV** U 3, U 6, S 1 – S 8 bis Marienplatz, über die Kaufingerstraße in 250 Metern zur Augustinerstraße; in der Kreuzungsmitte ist auf dem Boden der Umriss des Schönen Turms eingelassen, an der Fassade des Eckhauses befindet sich eine Skulptur des Goldschmieds mit dem Turm auf seinen Schultern | **Tipp** Nach dem Abriss des inzwischen baufälligen Schönen Turms bekam die Henkersglocke einen neuen Platz, sie befindet sich jetzt rechts oberhalb der nördlichen Eingangstüre des Alten Peters am Rindermarkt 1.

63___Am Sendlinger Tor

Wo der eingemauerte Patrizier stöhnt

Das Sendlinger Tor als Wehrturm der zweiten Münchner Stadterweiterung aus dem frühen 14. Jahrhundert ist bis auf die Zusammenlegung von Ein- und Ausgang zu einem Mittelbogen in seinem Originalzustand erhalten. Aus den noch immer sichtbaren Schießscharten heraus konnte die Münchner Bürgerwehr den Feind unter Beschuss nehmen, falls der versuchen sollte, hier die Brücke über den Stadtgraben zu überwinden. »Teufelsbrücke« hieß die einst im Volksmund, wobei sich das Wort nicht auf den Höllenfürsten, sondern auf dessen weltlichen Gehilfen bezieht: Es ist eine Umformung des alten Wortes »Deub« für einen Dieb. Denn diese, wie auch andere Kleinkriminelle, wurden dereinst auf dieser Brücke gerichtet. Auf der Teufelsbrücke schnitt man ihnen Ohren und Nasen ab, peitschte sie aus und stellte sie in Marterwerkzeugen wie der Halsgeige an den Pranger.

Einer aber hatte eine Tat begangen, die so furchtbar war, dass keine körperliche Züchtigung und schon gar keine Ehrstrafe ausreichte, um sie abzugelten. Einer der vornehmsten Münchner Bürger hatte gemeinsame Sache mit ruchlosem Gesindel gemacht, allein in der Absicht, seinen Reichtum noch zu mehren. Er entwendete die Schlüssel zu den Stadttoren und übergab diese gegen die Zahlung einer beträchtlichen Summe Gold einer berüchtigten Diebesbande, die damit nachts für ihre Raubzüge in die Stadt gelangen konnte. Doch die Schlüsselübergabe wurde beobachtet und alle Beteiligten umgehend verhaftet. Die Räuber wurden gehenkt, dem Verräter stand ein noch schlimmeres Schicksal bevor. Auf Anweisung des Stadtrats wurde der bestechliche Münchner Patrizier bei lebendigem Leib in den Südturm des Sendlinger Tores eingemauert. Erst nach vielen langen Tagen sollen seine Schreie endlich verstummt sein.

Sein Stöhnen aber soll man heute noch vernehmen können, wenn man des Nachts die dunklen Bögen dieses Turms durchschreitet.

Adresse Sendlinger-Tor-Platz 1, 80336 München-Altstadt | **ÖPNV** U 1 – U 3 und U 6 – U 8 bis Sendlinger Tor | **Öffnungszeiten** immer frei zugänglich | **Tipp** Eine der schönsten und nie überlaufenen Brunnenanlagen der Münchner Innenstadt befindet sich auf der Westseite des Sendlinger-Tor-Platzes. Aus der betretbaren Anlage mit einem Durchmesser von über 18 Metern schießen sechs Wasserfontänen meterhoch in die Luft und fallen in einem Tropfenschauer zurück in das Brunnenbecken.

64__In der Aubinger Lohe

Weiße Frau, Teufelsberg und Feuermännlein

Lichtflecken tanzen über den Waldboden und verschwimmen mit den Schatten uralter Bäume, um an anderer Stelle wie ein greller Blitz wieder aufzutauchen. Fast könnte man für einen Augenblick überzeugt sein, die Gestalt einer weiß gekleideten Gestalt wahrgenommen zu haben …

Von dieser Frau erzählt eine der Sagen, die sich um die Aubinger Lohe spinnen. Einst soll sich dort auf dem Teufelsberg ein prachtvolles Schloss befunden haben, das von einem jungen Grafenpaar bewohnt wurde. Als der Graf auf der Jagd in den Lohwäldern erschlagen wurde, verfluchte die Witwe Wald und Burg, die daraufhin mit all ihren Schätzen im Teufelsberg versank. Im Gegensatz zur Burgherrin, die seitdem ruhelos durch die Wälder der Aubinger Lohe streift. Tatsächlich befand sich zwischen dem 12. und 14. Jahrhundert eine befestigte Turmburg auf dem Teufelsberg, sie diente der Überwachung der Salz- und Handelsstraße von München nach Augsburg.

Der Name Teufelsberg bezieht sich vermutlich auf eine noch frühere Nutzung des Hügels, die in Verbindung mit den beiden im südlichen Teil der Aubinger Lohe gelegenen keltischen Viereckschanzen steht. Vor dem Betreten dieses heidnischen Heiligtums sollte der gute Christ schon durch die entsprechende Namensgebung gewarnt werden.

Ist die Weiße Frau auch ein ruheloser Geist, so gilt sie dennoch als harmlos. Viel gefährlicher sollen dagegen die Feuermännlein am Feldkreuz südöstlich des Teufelsbergs sein. Bis zum Bau des Allacher Tunnels markierte das Kreuz die Flurgrenze zwischen Aubing und Lochhausen. Kein Mensch wagte es nach dem Betläuten am Abend, das Kreuz noch zu passieren, denn die furchtbaren Feuermännlein ließen jeden, dessen sie habhaft wurden, in den Schlund der Hölle blicken. Seit das Kreuz nun infolge des Autobahnbaus 2003 an die Aubinger Lohe umgezogen ist, mehren sich die Berichte über einen seltsamen Feuerschein vom Waldrand her.

Adresse Aubinger Lohe, 81249 München-Aubing | **ÖPNV** S 3 bis Lochhausen, über die Altostraße in südlicher Richtung zum Beginn des Waldpfades an der Asmarstraße | **Anfahrt** A 99, Ausfahrt Lochhausen, nach Lochhausen bis zur Straße »Am Langwieder Bach«, hier links und nach der Bahnunterführung gleich wieder rechts in die Graßlfinger/Denkenhof-straße abbiegen und bis »Am Loferfeld« fahren, nach 320 Metern rechts in die Asmarstraße, gegenüber der Einmündung der Asmarstraße in die Altostraße beginnt ein Waldweg, der zu einer Waldkreuzung auf der Höhe des Burgstalls führt, hier links, nach 100 Metern zweigt ein Trampelpfad zum Teufelsberg ab, das Feldkreuz steht an der Einmündung des Trampelpfads | **Tipp** Am nördlichen Rand der Aubinger Lohe befindet sich an der Ziegeleistraße ein sehr innovativ gestalteter Trimm-dich-Pfad.

65 An der einsamen Kirche

Wo der Pestvogel Kranken erscheint

Fröttmaning war den meisten Münchnern jahrzehntelang weder als Dorf noch als Münchner Stadtteil bekannt, ohnehin wäre es mehrfach fast von den Landkarten verschwunden. Die ersten Höfe des 1935 eingemeindeten Dorfs wurden für den Autobahnbau der A 9 abgerissen, die restlichen mussten dem städtischen Müllberg weichen. Auch die Kirche sollte zweimal abgerissen werden – für den Bau des Autobahnkreuzes München-Nord und für den des Allianz-Stadions, was jeweils durch Bürgerinitiativen verhindert werden konnte.

Die älteste Geschichte darüber, wie das Dorf eine schier übermächtige Bedrohung überlebte, stammt aus der Zeit des Dreißigjährigen Krieges. Eine junge Frau, die allein den Hof ihrer verstorbenen Eltern bewirtschaftete, erwachte eines Morgens schwer an der Pest erkrankt. Sie ging hinaus, um an die Kirchenmauer gelehnt inmitten der wunderbaren Kräuter, die dort wuchsen, ihren ewigen Frieden zu finden. Da flog ein Vogel zu ihr, weiß, mit schwarzem Schnabel und schwarzen Füßen. Er trug Wacholder und Tormentill mit sich, die er in ihren Schoß fallen ließ. Unter Aufbietung ihrer letzten Kräfte gelang es der jungen Frau, ihr Haus mit dem Wacholder auszuräuchern und sich aus dem Tormentill einen Tee zu brühen. Bald schon fühlte sie sich stark genug, ihren Nachbarn vom Pestvogel zu erzählen. Die Fröttmaninger folgten dem Rat des Tiers, das Dorf überstand die Seuche.

Glücklicherweise ist die Pestzeit vorbei, doch noch immer erzählen Kranke, dass ihnen an der Fröttmaninger Kirche ein seltsamer Vogel erschienen sei, weiß und mit schwarzem Schnabel. Auch die Kräuter, die der Pestvogel einst der jungen Frau gebracht hatte, wachsen noch rund um das älteste Kirchlein Münchens, das auf den Überresten eines keltischen Rundaltars erbaut ist. Im Inneren der Kirche befindet sich ein besonderes Relikt keltisch inspirierter Malkunst: ein stilisiertes Sonnenrad als Symbol für Heilung und Lebenskraft.

Adresse Heilig-Kreuz-Kirche, Kurt-Landauer-Weg 8, 80939 München-Fröttmaning | **ÖPNV** U 6 bis Fröttmaning, über die Werner-Heisenberg-Allee nach Norden gehen, die Autobahn auf der Brücke Kurt-Landauer-Weg überqueren und danach nach Norden zur Kirche | **Anfahrt** A 9, Ausfahrt Freimann, an der Heidemannstraße nach rechts zur Freisinger Landstraße, dort links und dem Straßenverlauf für 1,9 Kilometer zum Lottlisa-Behling-Weg folgen, hier links und bis zum Parkplatz für die Friedhofsbesucher fahren, vom Parkplatz auf dem Kurt-Landauer-Weg nach Norden zur Kirche | **Öffnungszeiten** Friedhof immer frei zugänglich, Kirche in der Regel am 1. Freitag im Monat um 18 Uhr zum Gebet geöffnet | **Tipp** Auf der dem Dorf Fröttmaning gegenüberliegenden Seite der Autobahn A 9 befindet sich mit der Südlichen Fröttmaninger Heide eine der größten zusammenhängenden Grasheiden Mitteleuropas mit zahlreichen seltenen und zum Teil vom Aussterben bedrohten Pflanzen- und Tierarten (www.froettmaninger-heide.de).

66_ In Schloss Fürstenried

Spukt hier der vergessene König?

Er ist wahrhaft vergessen. Er, der Bayern am längsten regiert hat: Otto I., bayerischer König von 1886 bis 1913.

Als jüngerer Sohn von König Max II. war Otto für die Militärlaufbahn bestimmt und nahm im Rang eines Hauptmanns am Deutsch-Französischen Krieg 1870/71 teil. Doch die Kriegserlebnisse führten zu einer posttraumatischen Belastungsstörung, ein damals unbekanntes Krankheitsbild mit einer großen Bandbreite psychischer Symptome von emotionaler Apathie bis zum Versündigungswahn – verstärkt durch Ottos psychische Labilität. Sein letzter öffentlicher Auftritt war 1875 in der Münchner Frauenkirche, als er sich dem Erzbischof zu Füßen warf, um seine Sünden zu beichten. Schweren Herzens musste Ludwig II. die Arretierung Ottos veranlassen, ab 1883 wurde Schloss Fürstenried zum Gefängnis für den Prinzen.

Seine Königsproklamation nach dem Tod des Bruders soll Otto ebenso wenig begriffen haben wie seine eigene Absetzung. Otto von Wittelsbach lebte bis zu seinem Tod 1916 in geistiger Umnachtung, die aber nach Zeitzeugenberichten immer wieder von klaren Momenten durchbrochen wurde. Der eingesperrte König sei gar nicht »schwermütig«, hieß es deshalb im Volk, sondern absichtlich vergiftet worden.

Seit 1925 ist Schloss Fürstenried in kirchlichem Besitz, nach vielen Umbauten diente es als Spätberufenenseminar und heute als Tagungs- und Besinnungszentrum. Original erhalten ist ausschließlich das Blaue Kabinett im zweiten Obergeschoss. Dort, so sagen Besucher und ganz, ganz leise auch Angestellte im Schloss, sei der Geist des Schattenkönigs noch immer spürbar. Wird dort oder in einem der Gänge davor sein Name erwähnt, dauere es nur wenige Sekunden, bis in unmittelbarer Nähe etwas zu Boden falle. Und stets soll man am Abend des 20. Septembers eine an die großen Bäume im Park gelehnte Gestalt erahnen können – es war der Tag im Jahre 1883, als man Prinz Otto nach Fürstenried brachte.

Adresse Schloss Fürstenried, Forst-Kasten-Allee 103, 81475 München-Fürstenried, www.erzbistum-muenchen.de/Ordinariat/Ressort-5-Bildung/Exerzitienhaus-Schloss-Fuerstenried | **ÖPNV** U 3 bis Fürstenried-West, auf der Graubündner Straße nach Norden bis zur Forst-Kasten-Allee gehen, dort rechts 450 Meter bis zum Schloss | **Öffnungszeiten** zugänglich nur im Rahmen von Veranstaltungen des Exerzitienhauses Schloss Fürstenried (siehe Webseite) | **Tipp** Vom Schlosstor auf der Nordseite der Anlage aus ist noch immer die einstige doppelreihige Auffahrtsallee des Schlosses erkennbar, die eine Sichtachse zur Frauenkirche bildet.

67_In der Lohstraße

Die Geisterfrau mit den Wasserkannen

Die Lohstraße ist ein verbliebener Teil des mit dem Übergang in die Neuzeit verschwundenen Münchens. Wer die Lohstraße entlanggeht, dem bietet sich heute aber ein vollkommen anderes Bild als noch vor 100 Jahren. Links und rechts der Straße, vor allem, wo sich dichter Laubwald den steilen Hang zum Isarhochufer an der Obergiesinger Bergstraße hinaufzieht, standen einst dicht gedrängt windschief ineinander verschachtelte und oft in Teilen einsturzgefährdete Häuser billigster Bauart. Herbergshäuser.

Diese besondere Art des sozialen Wohnungsbaus hatte sich seit Anfang des 16. Jahrhunderts außerhalb der Münchner Stadtgrenzen entlang des rechten Isarufers entwickelt. Einfache Handwerker oder Tagelöhner erwarben gemeinsam Grundbesitz, um darauf Wohngebäude für jeweils mehrere Familien zu errichten. Jede Wohnung gehörte dem einzelnen Herbergsbewohner und verfügte über einen eigenen Außeneingang. Wie in allen Armenvierteln war die Anzahl der Kinder hoch, die Lebenserwartung gering und der sanitäre Zustand katastrophal, vor allem in der Lohe. Diese war bis 1830 Überschwemmungsgebiet bei Isarhochwasser, immer wieder standen die ärmlichen Anwesen nach der Schneeschmelze – dem typischen Pfingsthochwasser – hüfthoch unter Wasser. Erst auf dringlichen Rat des renommierten Arztes und Hygienikers Max von Pettenkofer errichtete die Stadt München mehrere Trinkwasserbrunnen, was in München vermutlich den Ausbruch der deutschlandweit grassierenden Choleraepidemie von 1892 verhinderte.

Vielleicht sieht man deshalb noch heute jedes Jahr in der Nacht von Pfingstsonntag auf Pfingstmontag eine Frau mit dunklem Schürzenkleid und zwei großen Kannen in der Hand zum Lohstraßenbrunnen gehen und bedächtig ihre beiden Kannen mit dem wertvollen Nass füllen, Danach geht sie mit ihrer schweren Last direkt den Hang hinauf und verschwindet zwischen den Bäumen – so erzählt man es sich jedenfalls in der alten Lohe.

Adresse Lohstraßenbrunnen gegenüber dem Anwesen Lohstraße 60, 81543 München-Giesing | **ÖPNV** U 1 bis Candidplatz, von dort über Jakob-Gelb-Platz und Scharfzantweg zur Lohstraße | **Tipp** Einen Eindruck, wie es einst in der Lohe ausgesehen haben muss, bekommt man an der Mondstraße am Auer Mühlbach. Die Häuser neben der Mondstraße 14 werden auch »Klein-Venedig« genannt.

68 Am Nockherberg

Braumeistersspuk vom Feinsten!

Am Nockherberg soll es gar unheimlich zugehen. Ausnahmsweise liegt das nicht an den Politikern, die sich dort jedes Jahr medial wirksam zum Starkbieranstich versammeln, sondern an einem der früheren Braumeister des dort befindlichen Brauhauses.

Nachdem sich der ursprünglich aus Kalabrien stammende Paulanerorden 1627 im Kloster Neudeck ob der Au niedergelassen hatte, war ihm 1660 von Kurfürst Ferdinand Maria das Brau- und Schankrecht verliehen worden. Nach der Aufhebung des Klosters infolge der Säkularisierung übernahm der Münchner Brauer und spätere Landtagsabgeordnete Franz Xaver Zacherl den gesamten Komplex. Zacherl war ein wahrer Meister seines Fachs, auf ihn geht die Salvator genannte Starkbiertradition der Brauerei zurück. Als Zacherl 1849 kinderlos starb, vermachte er seinen gesamten Besitz zu gleichen Teilen den Neffen seiner Frau, Ludwig und Heinrich Schmederer aus Tölz. Die Brüder führten die Brauerei zwar zu einer geschäftlichen Blütezeit, missachteten jedoch den ausdrücklichen Wunsch des Erblassers, dass der alte Brauereiname zu erhalten sei. Bereits in der ersten Starkbierzeit nach Zacherls Tod wurde der Salvator von der Schmedererbrauerei ausgeschenkt.

Ein Ereignis, das nicht nur dazu führte, dass sich Franz Xaver Zacherl bildlich gesehen im Grab umdrehte, sondern auch dazu, dass er für alle Münchner sichtbar als Geisterwesen zurückkehrte.

Schlag zwölf Uhr Mitternacht während der Salvatortage genannten Starkbierzeit soll noch heute ein feuriges Brauereigespann, beladen mit rot glühenden Bierfässern und mit dem hohlwangigen Braumeister Zacherl auf dem Kutschbock, den Nockherberg hinunterjagen, wo er auf Höhe des Zacherlwegs unheilvoll mit der Peitsche knallt, sodass die Geisterpferde aufsteigen und in heiseres Wiehern ausbrechen.

Manch später Zecher schwört noch heute Stein und Bein, dem Zacherlgeist begegnet zu sein.

Adresse Nockherberg und Zacherlweg, 81541 München-Giesing | **ÖPNV** Trambahn-Linie 17 bis Haltestelle Ostfriedhof, den Nockherberg nach Nordwesten hinab zum Zacherlweg | **Tipp** Auf der Südseite des Nockherbergs befindet sich der Kronepark, einer der schönsten und größten Spielplätze der Münchner Innenstadt mit ausgedehnter Wasserspiel- und Matschlandschaft. Ein ruhiges Fleckchen ohne Kinder findet man im Nordbereich des Parks immer im Halbschatten unter den großen Bäumen.

69 Am Lena-Christ-Grab

Als Geist am eigenen Grab

Von der eigenen Mutter war die unehelich geborene Lena nach ersten glücklichen Jahren bei den Großeltern als Wirtshausmagd zu sich nach München geholt, geschunden und gequält worden. Natürlich scheiterte die früh eingegangene »Befreiungsehe«, Lena Christ floh schon bald mit ihren drei Kindern vor dem spielsüchtigen Trinker. Die zweite Ehe meinte es besser mit ihr, ihr Mann unterstützte sie dabei, 1912 ihren autobiografischen Roman »Erinnerungen einer Ungewollten« zu veröffentlichen. Er wurde wie die Folgewerke ein durchschlagender Erfolg.

Doch wie alle misshandelten Kinder wurde Lena Christ ein Leben lang von ihren Dämonen verfolgt, litt an Halluzinationen, Angstzuständen und ertrug keine Einsamkeit. Während der kriegsbedingten Trennung von ihrem Mann suchte sie Trost bei einem blutjungen Sänger, mit dem sie ein neues Leben beginnen wollte. Statt des ersehnten Glücks brachte ihr die Liaison aber nur vollständige Einsamkeit und den wirtschaftlichen Ruin.

Als sie aufgrund mehrerer Delikte zu einer Gefängnisstrafe verurteilt werden sollte, fasste Lena Christ den Entschluss, den Prophezeiungen einer Wahrsagerin entsprechend mit 38 Jahren aus dem Leben zu scheiden. Es wurde eine makabere Inszenierung. Nachdem sie ihre Töchter angewiesen hatte, die Sonntagskleider schwarz zu färben, fuhr die Lebensmüde am 30. Juni 1920 mit der Straßenbahn zum Münchner Waldfriedhof, wo sie sich auf das Grab des Vaters ihres verflossenen Liebhabers legte und Zyankali schluckte. Der Noch-Ehemann hatte es ihr beschafft.

In ihrem Testament hatte Lena Christ alles geregelt, vom literarischen Nachlass bis zur Beschriftung des Grabkreuzes: »31.6.20« steht dort als Sterbedatum, ohne Jahrhundertangabe. Will uns Lena Christ damit sagen, dass sie diese Welt nie verlassen hat? So sehen es jedenfalls diejenigen, die bezeugen wollen, die unvergessene Ungewollte an ihrem eigenen Grab gesehen zu haben.

Adresse Lena-Christ-Grab im Waldfriedhof, Alter Teil, Grabnummer 44-3-1, Fürsten-
rieder Straße 288, 81377 München-Großhadern | **ÖPNV** U 6 bis Holzapfelkreuth, die
Fürstenrieder Straße in südliche Richtung gehen, Eingang zum Waldfriedhof 370 Meter
nach Überqueren der Waldfriedhofstraße, nach dem Passieren der beiden Sphinxe am
Eingangstor geradeaus zur Aussegnungshalle, dort rechts und nach 120 Metern links,
200 Meter bis zum Gräberfeld 44 auf der rechten Seite | **Öffnungszeiten** Nov.–Feb.
8–17 Uhr, März 8–18 Uhr, April–Aug. 8–10 Uhr, Sept.–Okt. 8–19 Uhr | **Tipp** Eine
Besonderheit ist das Grab des Kinderbuchautors Michael Ende, das in Form eines
aufgeschlagenen Buches mit vielen Anklängen an seine Romane und die Schildkröte
Kassiopeia (aus »Momo«) gestaltet ist (Grabnummer 212-W-3, von der Wegkreuzung
an der Aussegnungshalle etwa 350 Meter in südliche Richtung).

70 Am Annakircherl

Das bleiche Mädchen am Kircheneck

Das Annakircherl gehört zu den besonderen Orten Münchens, die sich ganz fernab der Zivilisation zu befinden scheinen, aber trotzdem mitten in der Stadt liegen. Es ist, als würde die hohe Mauer rund um Kirche und Friedhof den ganzen Verkehrslärm des nahen Tierparkbergs abhalten und damit eine Oase der Ruhe und des Friedens schaffen.

Doch vor vielen hundert Jahren soll sich hier Gräuliches zugetragen haben. Ein Mädchen soll sich dereinst von der 50 Meter hohen Steilwand des Hochufers in die Isar gestürzt haben, nachdem ihr Geliebter, ein Münchner Patriziersohn, sie wegen einer anderen verlassen hatte. Dabei hatte sie für ihn mit ihrem gesamten bisherigen Leben und ihrer Familie im jüdischen Viertel Münchens gebrochen. Aus Reue, so heißt es, habe der Jüngling später an diesem Ort eine Kirche gestiftet.

Kaum war der Kirchenbau vollendet, soll das fahle Totenantlitz der jungen Frau zum ersten Mal erschienen sein. Sie ist ein Geist, der an das Schicksal gemahnt, aber niemanden erschrecken will. Der beste Ort, um der unglücklichen Münchnerin zu begegnen, soll die Südwestecke der Kirche sein.

Die heilige Anna als Patronin der Kirche ist die Schutzheilige glücklicher Hochzeiten, der Ehefrauen und Mütter, sie steht den Frauen bei Geburten bei und hält ihre Hand schützend über die ungeborenen Kinder. Ein Hinweis, dass vielleicht doch ein wahrer Kern in der Legende verborgen ist. Die junge Frau könnte demnach eine Schwangere gewesen sein, die den Tod suchte und unten an der Isar im Bereich der heutigen Marienklause fand (siehe Ort 87). Vermutlich bezieht sich die Überlieferung aber nicht auf den Kirchenbau aus der Zeit um 1160, sondern auf eine Begebenheit aus dem 16. Jahrhundert, denn erst seit der Stiftung eines Gnadenbilds der heiligen Anna durch einen Münchner Bürger im Jahre 1524 gilt diese als Kirchenpatronin.

Adresse Sankt Anna Harlaching, Harlachinger Berg 30, 81545 München-Harlaching |
ÖPNV S 1–S 8 bis Rosenheimer Platz, umsteigen in Tram 15, 25 Richtung Grünwald bis
Tiroler Platz, die Karolingerallee für 500 Meter bis zum Annakircherl auf der Anhöhe des
Tierparkbergs gehen | **Öffnungszeiten** tagsüber geöffnet | **Tipp** Am unteren Ende des
Tierparkbergs an der Siebenbrunner Straße befindet sich hinter dem Parkplatz das größte
Quellgebiet Münchens. Gleich sieben Hangquellen entspringen dort dem Nagelfluh der
Harlachinger Leite.

71 Bei der Menterschwaige

Allerlei gefährliche Geister am Isarhochufer

Die Geschichte des Gutshofs Menterschwaige, in dem dereinst die herrschenden Wittelsbacher und andere Patrizier der nahen Stadt München der Fasanenjagd und anderen Lustbarkeiten frönten, kann mehr als 1.000 Jahre zurückverfolgt werden. Bei allen Unternehmungen war stets aber auch etwas Nervenkitzel mit von der Partie, denn rund um die Schwaige im Wald sollen dereinst die verschiedensten Unholde ihr Unwesen getrieben haben. Noch heute gehört das hier dicht mit hohen Bäumen bewachsene Isarhochufer zu den unheimlichsten Gegenden Münchens.

Die unzähligen kleinen und großen Höhlen im Nagelfluhgestein der fast 80 Meter hohen, steil abfallenden Uferböschung haben einst die Phantasie der Menschen beflügelt. Ein tiefes und weitverzweigtes Höhlensystem soll sich hinter unzähligen Zugängen verbergen, in dem schauerliche Menschenskelette ihr ewiges Dasein fristen. In ihren bleichen Knochenfingern hielten sie verrostete Messer und Säbel, manchmal sei aus den unheimlichen Tiefen klirrendes Kampfgetümmel zu vernehmen. Doch wehe dem Neugierigen, der sich in die Höhlen hineinwagt! Dem lauert das Schnarchermandl auf, ein bösartiger kleiner Gnom, der jedem Menschen mit lauten Schnarchlauten hinterherjagt, um ihm Übles zu tun. An manchen Vollmondnächten kommt das bösartige Wesen sogar aus den Tiefen hervor, um Unvorsichtige mit seinem Schnarchen so zu erschrecken, dass sie die Hochleite hinabstürzen und sich das Genick brechen.

Nur die wilden Räuber, die unschuldige Flößer und Kaufleute überfielen, sollen sich einst in die Höhlen hineingewagt haben. Doch der Himmel habe den Räuberhauptmann dafür mit einer schwarzen Gewitterwand gestraft, die ihn mitsamt seinem Ross verschlang. Seitdem prescht der Räuberhauptmann in jeder Gewitternacht auf seinem Geisterross durch den Wald zwischen Schwaige und Isarstrand – und wehe dem, der ihm begegnet …

Adresse Hochleite, 81545 München-Harlaching | **ÖPNV** Tram 15, 25 bis Großhesseloher Brücke, die Geiselgasteigstraße überqueren und auf der Holzkirchner Straße nach Westen bis zum Waldrand gehen, hier beginnt die Hochleite, die am östlichen Isarhochufer nach Norden bis zur Menterschwaige führt | **Tipp** Schon seit 1803 befindet sich in der Menterschwaige eine Gastwirtschaft. Die uralten Kastanien, die einzigartige Lage oberhalb der Isar und der berühmte Steckerlfisch verleihen dem großen Biergarten seinen besonderen Flair (Menterschwaigstraße 4, Tel. 089/640732, www.menterschwaige.de).

72 Am Alten Südfriedhof

Ein echter Spukfriedhof, mitten in München!

Wie stellt man sich einen richtig guten Spukfriedhof vor? Unerlässlich wären sicherlich verwitterte Grabkreuze und Marmorplatten mit langen Rissen, deren Inschriften kaum mehr zu entziffern sind. Hier und da ein steinerner Knochenmann, der grinsend seine Sense schwingt, Grab an Grab mit einer melancholisch verklärten Engelsgestalt. Halb verborgen unter einer dicken Moosschicht, versteht sich. Schiefe Grabsteine gäben der Szenerie einen gewissen morbiden Touch, und über all das breiteten sich die dunklen Blätter unergründlich langer Efeuranken. Ja, solch ein Friedhof wäre wirklich der Inbegriff eines Spukfriedhofs – und genau solch einen Friedhof gibt es mitten in München.

Angelegt 1563 als Pestfriedhof, war der Südliche Friedhof bald zentrale Begräbnisstätte des gesamten Stadtgebiets. Zum 1. Januar 1944 wurden die Bestattungen aufgrund von Überbelegung endgültig eingestellt, kurz vor der schauerlichsten Zeit des Friedhofs: Während des Bombenkriegs trug er schwere Einschläge davon, Augenzeugen berichten von offenen Gräbern, zerbrochenen Grabsteinen und herumliegenden halb verwesten Leichenteilen. Erst 1955 war der Friedhof wiederhergestellt – und fiel unmittelbar danach in einen bis heute andauernden Dornröschenschlaf.

Es gibt viele Berichte über Spuk am Alten Südfriedhof, sowohl bei Tag als auch in der Nacht. Zu den bekanntesten Geistern gehören die Opfer der sogenannten Eskimotragödie, die im Winter 1881 ganz München erschütterte. Neun Studenten der Kunsthochschule waren am 18. Februar 1881 beim Faschingsball eines Münchner Theaters bei lebendigem Leib in ihren hochentzündlichen Eskimokostümen verbrannt. Noch immer sollen ihre Schmerzensschreie jedes Jahr an diesem Tag kurz vor Mitternacht zu hören sein und ein greller Lichtschein den Friedhof für kurze Zeit erhellen, was auch von außerhalb der hohen Friedhofsmauern wahrgenommen werden kann.

Adresse Alter Südlicher Friedhof, Thalkirchner Straße 17, 80337 München-Isarvorstadt, www.muenchen.de/rathaus/Stadtverwaltung/Referat-fuer-Gesundheit-und-Umwelt/ Friedhof_und_Bestattung | **ÖPNV** U 1–U 3 und U 6–U 8 bis Sendlinger Tor, über die Blumenstraße rechts in die Thalkirchner Straße, nach 200 Metern befindet sich der Friedhofseingang am Stephansplatz | **Öffnungszeiten** täglich 8 – 18 Uhr | **Tipp** Am Stephansplatz vor dem Alten Südfriedhof findet jährlich ab dem ersten Adventswochenende der Weihnachtsmarkt »Pink Christmas« mit (fast) klassischem Weihnachtsmarktambiente und ungewöhnlichen abendlichen Show-Auftritten statt (www.pink-christmas.de).

73__Im Bugs

Der kleine Münchner Horrorladen

Vorab: Für Spinnenphobiker und Menschen mit einer ausgeprägten Abneigung gegen Totenköpfe ist ein Besuch nicht zu empfehlen. Wer allerdings den einen oder anderen kleinen Grusel für zwischendurch sucht, wird hier seinen Spaß haben.

Schon seit 20 Jahren führt Anke Wasser ihren kleinen Laden, der sich als Anlaufstelle für die verschiedensten Underground-Bewegungen der Stadt und diverse Sub-Genres von Mystic Barock über Psychobillys bis zu traditionellem Gothic-Punk sieht. Passend dazu ist der Horrorladen in unmittelbarer Nähe des bereits bei den ersten Anhängern der Gothic-Bewegung beliebten Südfriedhofs (siehe Ort 72) gelegen.

Das Sortiment reicht von Kleidung der verschiedensten Stile über Schminkutensilien bis hin zu okkulten Utensilien und Silberschmuck. Viele der Klamotten wirken, als seien sie direkt aus der spinnwebenverhangenen Villa der Fernsehserie »The Munsters« importiert – oder aus einem französischen Spukschloss, in dem jederzeit Madame Pompadour als bleiche Andersweltliche in raschelndem Taft auftreten könnte.

Ein echtes Highlight ist die eindrucksvolle Sammlung schauriger Wohnungsdekoration. Man trifft auf skelettierte Brautpaare für die besondere Dekoration von Hochzeitstorten der einschlägigen Szene, auf fast meterhohe Gargoyledrachen, übergroße Vogelspinnen und natürlich auf Totenköpfe aller Art. Wer für die Halloweenparty eine stimmungsvolle Dekoration sucht, ist hier genau richtig.

Ob es nicht unheimlich sei, Tag für Tag zwischen all den Horrorutensilien zu stehen? Ganz und gar nicht, lächelt Anke Wasser. Schließlich hätten sie George im Laden. George? Ja, nickt die Ladenbesitzerin und lächelt breiter, ihr Hausgeist. Er sei gleich zur Eröffnung mit in den Laden eingezogen, ein sehr distinguierter englischer Herr, der stets ein waches Auge auf sie habe. Gezeigt habe er sich ihr noch nie, doch seine Anwesenheit sei immer spürbar.

Adresse Bugs, Thalkirchner Straße 1, 80337 München-Isarvorstadt, Tel. 089/26949960, www.bugsville.de | **ÖPNV** U 1 – U 3 und U 6 – U 8 bis Sendlinger Tor | **Öffnungszeiten** Mo – Fr 11 – 19.30 Uhr, Sa 11 – 16 Uhr | **Tipp** Wer mystisches Räucherwerk sucht, findet dies im nahe gelegenen Fachgeschäft Kräutergarten (Pestalozzistraße 3, Öffnungszeiten Mo – Fr 9 – 19 Uhr, Sa 9 – 14 Uhr, www.kraeutergarten-muenchen.de).

74 An der alten Hauptstatt

Wo Geköpfte über Kopfschmerzen klagen

Das Strafrecht der »guten alten Zeit« war erbarmungslos, auch in München wurden selbst geringe Vergehen drakonisch geahndet. So drakonisch, dass 1778 gleich zwei Hinrichtungsstätten benötigt wurden – bei einer Einwohnerzahl von rund 35.000 Bürgern. Der Galgen wurde auf einer noch immer erkennbaren Anhöhe zwischen Zoll- und Grasserstraße errichtet, die sogenannte »Hauptstatt«, an der das Urteil mittels Schwerthieb vollzogen wurde, befand sich etwa 500 Meter nordöstlich an der ehemaligen Salzstraße.

Bei der Hinrichtung eines 19-jährigen Sattlergesellen am 12. Mai 1854 hatte der Scharfrichter wohl einen rabenschwarzen Tag. Sieben Hiebe benötigte er, um dem wegen Mordes verurteilten Delinquenten den Kopf vom Rumpf zu trennen. Es muss eine derart blutige Stümperei gewesen sein, dass selbst die Schaulustigen darüber in Rage gerieten und der Münchner Magistrat die Einführung der technisch saubereren Guillotine beschloss. Bereits drei Monate später kam die Köpfmaschine zum Einsatz, sollte aber nur sieben Jahre ihren Dienst tun, bevor das makabere öffentliche Schauspiel in München abgeschafft wurde und der Henker seinen Dienst im Stillen in der Angerfronveste versah.

Auch nachdem die Salzstraße 1890 in Arnulfstraße umbenannt und die Hauptstatt kurz danach mit dem neu geschaffenen Bayerischen Verkehrsministerium überbaut worden war, hielten sich die Gerüchte über unheimliche Vorgänge.

Geistliche, die den Ort passierten, sollen dort immer wieder von Enthaupteten heimgesucht worden sein, die über die Schmerzen klagten, die ihnen der nach dem Tode abgeschlagen herumrollende Kopf bereitet habe.

Heute gibt es nur noch wenige Berichte über Spuk an der alten Hauptstatt, immer jedoch sollen die Gerichteten mit oder ohne Kopf in der hintersten Ecke der kleinen Grünanlage westlich des ehemaligen Verkehrsministerium-Gebäudes beobachtet worden sein.

Adresse Grünanlage westlich des Eisenbahnbundesamts, Arnulfstraße 13, 80335 München-Maxvorstadt | **ÖPNV** S 1– S 8 bis Hackerbrücke, nach Norden auf die Arnulfstraße gehen, dann rechts, nach 390 Metern liegt die Grünanlage zwischen Arnulfstraße und Gleiskörper | **Öffnungszeiten** immer frei zugänglich | **Tipp** Auf der gegenüberliegenden Straßenseite, Hausnummer 44, befindet sich im Erdgeschoss des weithin sichtbaren Funkhauses das Lokal »Funkstadel«, in dem man immer wieder bekannte Moderatoren des Bayerischen Rundfunks treffen kann (http://restaurantfunkstadl.cafelists.com)

75_ Im Zaubergarten

Bei Väterchen Timofei

Hinter einer Umfriedung mit Büschen und Bäumen liegt eine kleine Insel der Seligkeit inmitten der Großstadt, nichts stört die Ruhe des Ortes. Mehrere kleine Gebäude liegen eingebettet in einen verwunschen wirkenden Garten, es ist ein liebevoll angelegter Ort des Friedens und der stillen Einkehr. Doch irgendetwas ist unstimmig an der idyllischen Szenerie, ihr Charme ist eher von der morbiden Sorte.

Zentrum des Zaubergartens ist die Ost-West-Friedenskirche, die der 1894 geborene russische Exilant Timofei Prochorow dort in den 1950er Jahren auf dem damaligen Oberwiesenfeld aus Baumaterialien vom nahen Münchner Schuttberg errichtet hat. »Väterchen Timofei«, wie er genannt wurde, war 1952 mit seiner Lebensgefährtin Natascha nach München gekommen, nachdem er in mehreren Marienvisionen von der Muttergottes den Auftrag bekommen hatte, ihr hier eine Friedenskirche zu errichten. Nach und nach entstanden eine Kapelle, ein kleines Wohnhaus und eine Basilika mit Türmchen und orthodoxem Kreuz obenauf. Timofei galt als Eremit, zu dem die Menschen um Rat kamen, mit seinem langen schlohweißen Haar und Bart sah er ohnehin aus wie ein Heiliger der Ostkirche.

Die Ost-West-Friedenskirche ist ein Meisterwerk des Schwarzbaus, entstanden aus den Trümmern der zerbombten Stadt. Die von Timofei und Natascha in mühsamer Kleinarbeit angebrachte Auskleidung aus Stanniol und Alufolie, inzwischen altersstumpf und etwas löchrig, verstärkt die mystisch-unheimliche Stimmung.

2004 starb Väterchen Timofei, zu dieser Zeit war er der älteste Münchner. Bald schon erzählte man sich seltsame Geschichten über den Eremiten vom Oberwiesenfeld. Wenn man sich nur lange genug auf die Bank vor seinem Haus setze, sich dem Summen der Bienen und dem verwunschenen Grün vorbehaltlos hingebe, könne es passieren, dass ein Mann mit Rauschebart und weißem Haar erscheint, der sich zu einem setzt …

Adresse Ost-West-Friedenskirche, Spiridon-Louis-Ring 100, 80809 München-Milbertshofen, www.ost-west-friedenskirche.de | **ÖPNV** U 2, U 3, U 8 bis Scheidplatz, umsteigen in den Bus 144 Richtung Rotkreuzplatz, bis Olympiaberg, über das Tollwood-Gelände 200 Meter nach Süden zur Ost-West-Friedenskirche gehen | **Öffnungszeiten** in der Regel täglich 11–17 Uhr, bei schlechtem Wetter oder Schnee ist die Kirche geschlossen | **Tipp** Der seit den Olympischen Spielen 1972 »Olympiaberg« genannte Schuttberg des zerstörten Münchens ist einer der besten Aussichtsplätze, um einen Blick über die ganze Stadt zu genießen und Rockkonzerten im Olympiastadion zu lauschen.

76 Am Geisterbahnhof

Echte Geister oder nur ein Lost Place?

Während der wilden 1980er Jahre, als das Gewerbegebiet an der Riesstraße noch ein weitgehend unbewohntes Stadtviertel mit tristem Industriecharme war, hörte man in manchen Neumondnächten Black Sabbath über die verlassenen Gleise des einstigen Olympiabahnhofs schallen. Flackernde Kerzen aus schwarzem Wachs erhellten dort spärlich die gespenstische Szenerie, in der sich bleich geschminkte Gestalten in langen Kutten rund um dunkle Symbole versammelten. Weit über das Bahnhofsdach würde sich eine Sphäre andersweltlicher Gestalten erheben, wurde geraunt. Nach Meinung vieler Gothic-Fans bot der verlassene Olympiabahnhof den idealen Rahmen für Geisterbeschwörungen und schwarze Messen.

Dabei waren die Anfänge des Bahnhofs alles andere als gruselig, bereits mit der Vergabe der Olympischen Spiele 1972 an die bayerische Landeshauptstadt wurde ein S-Bahn-Anschluss nördlich des Olympiageländes zur Bewältigung und Lenkung der Besucherströme konzipiert. In Stoßzeiten konnten in den im klassischen Münchener Nachkriegsbeton gestalteten Bahnhof gleichzeitig vier Sonderzüge zu je 15 Wagen einfahren. Doch schon nach der Olympiade war der Bahnhof nicht mehr an das reguläre S-Bahn-Netz angeschlossen, sondern wurde nur noch im Rahmen von Sonderveranstaltungen wie Fußballländerspielen im Olympiastadion oder dem Deutschen Katholikentag 1984 genutzt. Der tödliche Unfall eines Kindes 1988 beim Spiel auf einem Kesselwagen führte zur sofortigen Demontage aller bahntechnischen Einrichtungen. Der Olympiabahnhof wurde damit wirklich zum Geisterbahnhof.

Anstatt der typischen S-Bahn-Fahrer treffen sich hier heute Lost-Place-Fotografen, Blumenfreunde auf der Suche nach botanischen Raritäten wie dem Rosmarin-Weidenröschen – und eben ein paar verbliebene Vertreter der Gothic-Szene. Zumindest sie sind nach wie vor überzeugt, dass es hier nicht mit rechten Dingen zugeht …

Adresse ehemaliger Olympiabahnhof, westlich der B 304/Landshuter Allee, 80992 München-Moosach | **ÖPNV** U 3, U 8 bis Olympiazentrum, auf Kolehmainenweg in westlicher Richtung bis zum Werner-Seelenbinder-Weg, auf diesem für etwa 250 Meter nach Norden bis zur Brücke über die Landshuter Allee und diese überqueren | **Öffnungszeiten** Bahnsteig und Gleisreste sind teilweise durch Bauzäune gesichert. | **Tipp** Nur knapp 700 Meter Luftlinie entfernt liegt im ehemaligen Olympischen Dorf an der Connollystraße Münchens kleinster Badesee. Der Nadisee ist Teil einer Brunnenanlage, an vielen Stellen nur knietief und lädt damit besonders Familien im Sommer zum Baden oder im Winter zum Schlittschuhfahren ein.

77__In der Kleingartenanlage

Pumuckls Gespenst im Gartenhaus

Ein kleines Gartenhaus in der Schrebergartensiedlung ist die größ-te Freude der alten Frau Reinicke. Doch seit einiger Zeit traut sie sich gar nicht mehr hinzugehen, denn ein Gespenst treibt dort sein Unwesen, vor dem sie sich zu Tode fürchtet. Als letzten Ausweg bittet sie Schreinermeister Eder als Fachmann für übernatürliche Geschehnisse um Hilfe. Schließlich hat der ja einen Kobold na-mens Pumuckl!

Genau dieser Kobold überredet Meister Eder dann dazu, im Gar-tenhaus zu übernachten, um auf Gespensterjagd zu gehen. Und tat-sächlich hören auch sie die seltsamen Geräusche, die vor allem den Pumuckl recht erschrecken. Aber schon am nächsten Morgen ent-decken sie zufällig eine an einer Nylonschnur befestigte Blechdosen-installation und können kurz darauf zwei Lausbuben namens Ludwig und Otto des Geisterspuks überführen. Damit Meister Eder nicht zur Polizei geht, versprechen die beiden Buben, der Frau Reinicke den ganzen Garten umzugraben – wenn sie will.

Nachdem »Das Gespenst im Gartenhaus« 1966 bereits als Hör-spiel ein großer Erfolg im Bayerischen Rundfunk war, wurde die Episode 1988 mit dem bekannten Schauspieler Gustl Bayrham-mer für die zweite Staffel der Fernsehserie »Meister Eder und sein Pumuckl« verfilmt und am 19. November 1988 erstmals gesendet. Gedreht wurden die Schrebergartenszenen in der Gartenparzelle 110 der Münchner Kleingartenanlage NW 03, der Schwiegersohn des damaligen Besitzers erinnert sich noch heute gern an die Ge-spenster- und Koboldstage. Heute würde es dort nicht mehr spuken, so versichert er glaubhaft angesichts der blühenden Gartenidylle vor dem schmucken Gartenhäuschen. Doch noch immer wirkt es fast so, als würde gleich Meister Eder durch die Türe treten und auf Gespensterjagd gehen. Auch die Badewanne, von der aus Ludwig und Otto den Spuk inszenierten, gibt es noch – sie dient heute als Gartenteich.

Adresse »Pumucklgarten«, Asternweg, Parzelle 110, Kleingartenanlage NW 03, Dachauer Straße 293, 80992 München-Moosach | **ÖPNV** U 1, U 7 bis Westfriedhof, durch ein Türchen in die Kleingartenanlage gehen und dem Nelkenweg bis kurz nach der Gaststätte folgen, dann rechts in den Asternweg, nach circa 100 Metern rechter Hand | **Öffnungszeiten** nur über den Gartenzaun | **Tipp** Kein Spuk, sondern traurige Realität: Auf dem nahe gelegenen Westfriedhof befindet sich das 2012 neu gestaltete Ehrenmal für die inzwischen 63 seit dem Zweiten Weltkrieg im Dienst getöteten Münchner Polizisten (Gräberfeld 195, Baldurstraße 28, Öffnungszeiten: Nov.–März 8–18 Uhr, April–Aug. 8–20 Uhr, Sept.–Okt. 8–19 Uhr).

78 In der Herz-Jesu-Kirche

Dunkle Geheimnisse und ein Feuergeist

Nicht nur einmal, sondern gleich zweimal innerhalb von 50 Jahren brannte die Neuhauser Herz-Jesu-Kirche bis auf die Grundmauern ab. Fast könnte man spötteln, in Tirol brennen die Herz-Jesu-Feuer, in München dafür die Herz-Jesu-Kirchen. Nach der ersten Zerstörung 1944 im Bombenkrieg führte am 26. November 1994 ein Kurzschluss in der maroden Glockenelektrik zur zweiten Katastrophe. Der Feuersturm glich einem Inferno, dem bis auf ein geschnitztes, zwei Meter hohes Kruzifix alle Kirchenschätze zum Opfer fielen.

Allerhand dunkle Geheimnisse birgt die Herz-Jesu-Kirche, für den Nachkriegsbau waren Gebäudeteile des SS-Wachmannschafts-Casinos vom Obersalzberg verwendet worden. Unter Theologen wird aber auch gemunkelt, die Herz-Jesu-Kirche bewahre okkulte Geheimnisse in ihrem Inneren. Und auch okkultwissenschaftliche Laien empfinden das doppelflügelige, 16 Meter hohe Eingangsportal aus Blauglas als merkwürdig und irgendwie unheimlich. Durch seine Farbgebung erzeugt es auffällige Lichtspiele im Kircheninneren, die Schatten der darin eingelassenen Kreuznagel-Schriftzeichen aus der mystischen Kabbala sind auch in der Kirche zu sehen. Vor allem die verkohlte Christusfigur auf dem geretteten Kreuz hinter dem Portal wirkt im blauen Licht selbst wie ein blaues Flämmchen. So wie sich in den Sagen die unerlösten Seelen zeigen …

Angesichts der Geschichte der Kirche versetzt die Turmkonstruktion den Betrachter etwas in Erstaunen: Die reine Stahlkonstruktion wirkt wie ein überdimensionaler Blitzfänger. Kein guter Aufenthaltsort bei einem Gewitter. Kurz vor Gewittern sind manchmal sogar Elmsfeuer an der Kirchturmspitze zu beobachten. Zeigt sich hier der Feuergeist, von dem es heißt, er gehe um in der Neuhauser Kirche und könne nur durch die hohe blaue Fassade und die sich darin spiegelnden Wolken, die wie schäumendes Wasser wirken, gebannt werden?

Adresse Herz-Jesu-Kirche, Lachnerstraße 8, 80639 München-Neuhausen | **ÖPNV** U 1, U 7 bis Rotkreuzplatz, von hier auf der Waisenhausstraße zur Lachnerstraße | **Öffnungszeiten** immer tagsüber | **Tipp** Das nur eine Querstraße entfernte Winthirkircherl ist eine ehemalige Dorfkirche und wirkt wie das sakrale Gegenstück zur Herz-Jesu-Kirche. Allerdings soll es auch dort, auf dem verwunschenen Friedhof mit seinen verwitterten Grabplatten, spuken! (Winthirstraße 15)

79__In der Pagodenburg

Wo der Kurfürst den Homunkulus beschwor

Auch wenn Schloss und Parkanlage von Nymphenburg zu den welt-
bekannten Sehenswürdigkeiten Münchens zählen, gibt es dort mindestens zwei Orte, an denen es handfest spuken soll. Nur wenige
wissen um das (Spuk-)Geheimnis der Pagodenburg. Erbaut wurde die Parkburg in den Jahren 1716 bis 1719 im Auftrag und nach
persönlichen Plänen von Kurfürst Max Emanuel, der wie auch sein
Nachfahre Ludwig II. einen Hang zum Bau prunkvoller Schlossanla-
gen und damit ähnliche Geldnöte hatte. Max Emanuels Leidenschaft
für Astrologie und die Wissenschaften brachte ihn offensichtlich auf
die Idee, sich intensiv mit der Kunst der Alchemie auseinanderzuset-
zen, die ihm wohl als ein Ausweg aus seinem finanziellen Dilemma
erschien. Als Koryphäe in der Kunst des Goldmachens holte sich
Max Emanuel den italienischen Alchemisten Domenico Caetano
an den Hof, um mit diesem einige explosive Experimente durch-
zuführen. Doch sämtliche Versuche misslangen, Caetano wurde in
Preußen an einem mit Flittergold versehenen Galgen gehängt, und
Max Emanuel benötigte einen anderen Helfer.

Einen Homunkulus! Für die Erschaffung dieses künstlichen
Dämonenwesens als Helfer bei allerlei magischen Praktiken, wie
aus Goethes »Faust« bekannt, scheint Max Emmanuel die Pagodenburg als alchemistische Werkstatt entworfen zu haben. Aus-
gehend vom Grundriss einer exakt nach den Himmelsrichtungen
ausgerichteten Quincunx mit einem bayerisch weiß-blau gehalte-
nen Schachbretttisch als Zentrum wirkt sie zwar vordergründig
wie ein reines Lustschlösschen, ist in ihrer Symbolik aber zutiefst
der alchemistischen Mystik verschrieben. Niemand weiß, was genau Max Emanuel dort getan und bewirkt hat. Doch jedes Jahr,
wenn nach der Neumondnacht im Sternzeichen des Widders gerade wieder die Sonne aufgeht, soll der vom Kurfürsten vor über
300 Jahren erschaffene Homunkulus für kurze Zeit zu neuem Leben erwachen.

Adresse Pagodenburg im Schlosspark Nymphenburg, 80638 München-Nymphenburg |
ÖPNV Tram 17 Richtung Amalienburgstraße bis Schloss Nymphenburg, auf der
nördlichen Auffahrtsallee zum Schloss und weiter in den Schlosspark gehen, rechts am
Götterparterre vorbei, eine Brücke überqueren und halb rechts dem Weg zur Pagodenburg
folgen (ausgeschildert) | **Öffnungszeiten** Pagodenburg: April–15. Okt. täglich 9–18 Uhr;
Schlosspark: Jan.–März und Nov.–Dez. 6–18 Uhr, April und Okt. 6–20 Uhr, Mai–Sept.
6–21.30 Uhr (Haupttor am Schloss) | **Tipp** Ebenfalls sehr unheimlich soll es an der
Pan-Gruppe im Eibengehölz nördlich der Brücke bei der Badenburg zugehen.

80 Im Gruselhaus

Spukhaus mit Aufbahrungskammer

Das alte Oberföhring ist ein Stück München, an dem die Zeit stehen geblieben zu sein scheint und das sich den Charakter eines durchaus gut situierten Dorfs vor den Toren der Landeshauptstadt erhalten hat. Wie ein Halbkreis umschließt die Muspillistraße den einstigen Dorfkern, mühelos kann man vor seinem inneren Auge Bilder von quer über die Straße watschelnden Gänsen, Burschen mit Handwagen und in der Mode des 19. Jahrhunderts gekleideten Bauersfrauen aufziehen lassen. In diese Zeit fällt auch der Neubau des nach seinem früheren Besitzer, einem Weber namens Andrä Peitinger, »Zum Kirchenweber« genannten Kirchwebergütls am Rande des Dorffriedhofs.

Es sollte fortan Gemeindehaus sein, mit Friedhofswärterzimmer, einer Feuerwehrremise und vier Armenzimmern – aber niemand wollte einziehen, das Kirchwebergütl galt als Spukhaus. Die armen Seelen vom benachbarten Friedhof sollten sich dort herumtreiben. Um doch noch zu einem Gemeindehaus zu kommen, riss die Gemeinde das Gebäude ab und errichtete einen Neubau mit integrierter Aufbahrungskammer, für die nun auch noch Platz war. Das Haus galt zwar weiterhin als Spukhaus, aufgrund seines gehobenen Wohnstandards konnten Unerschrockene und Bedürftige aber gerade noch so darüber hinwegsehen. Eine Mieterin aus den 1990er Jahren erzählte immer gern, dass es für sie als Flamencotänzerin vorteilhaft sei, über Toten zu wohnen. Diese würden sich nie über zu laute Tanzschritte beschweren.

Bedauerlicherweise teilen nur wenige Menschen die Sichtweise der Tänzerin, seit ihrem Tod steht das Haus leer, Tapeten hängen von den Wänden, die Feuchtigkeit zieht sich im Mauerwerk empor. Das desolate Anwesen verfügt über eine morbide Aura, bei der es auch einen etwas zarter besaiteten Immobilienmakler durchaus gruseln könnte. Oder liegt das Gruselgefühl nicht am Zustand, sondern doch am Haus selbst?

Adresse Muspillistraße 8, 81925 München-Oberföhring | **ÖPNV** U 4 Richtung Arabellapark bis Richard-Strauss-Straße, dort umsteigen und mit Bus 188 Richtung Unterföhring-Fichtenstraße bis Muspillistraße | **Öffnungszeiten** nur von außen | **Tipp** Von der Muspillistraße führt der Rochus-Dedler-Weg in wenigen Schritten in die naturbelassenen Auwälder zwischen Brunnbach, Isarkanal und Isar hinunter, die zu ausgedehnten Spaziergängen einladen.

81 Am Salzsenderweg

Wo der Geist des heiligen Emmeran wandelt

So klein der Oberföhringer Salzsenderweg inmitten des Wohnblock-schluchtendschungels heute auch wirken mag, er ist eine der ältesten befestigten Straßen innerhalb des Münchner Stadtgebiets und war Schauplatz einer legendären schauerlichen Begebenheit – auf deren Wahrheitsgehalt aber jeder schwört, der der Geistergestalt des heiligen Emmeran dort ansichtig wird.

Als einer der großen christlichen Missionare bereiste der aus dem französischen Poitiers stammende Bischof im 7. Jahrhundert Bayern und fand Aufnahme am Herzogshof in Regensburg. Um die Herzogstochter Uta vor dem Zorn ihres Vaters Theodo über eine ungewollte Schwangerschaft zu schützen, gab er sich selbst als Kindsvater aus und begab sich danach eiligst auf eine Pilgerreise nach Rom. Utas Bruder setzte ihm jedoch nach und erschlug den frommen Mann südöstlich von München (siehe Ort 88).

Emmerans Begleiter bargen den Leichnam und beerdigten ihn im Dorf Aschheim. Dem Heiligen war dies aber wohl nicht recht, umgehend setzte ein 40 Tage anhaltender Dauerregen ein, und an jedem Tag war in den Morgenstunden eine schwarz gekleidete Gestalt zu beobachten, die die alte Römerstraße nach Westen hin entlangzog. Seltsamerweise wurde die Gestalt gleichzeitig im weiteren Straßenverlauf kurz vor der Isar beobachtet. Nachdem Herzog Theodo über die wahren Umstände der Schwangerschaft aufgeklärt worden war und ihm auch die seltsamen Vorkommnisse hinterbracht worden waren, befahl er, den Leichnam Emmerans umgehend nach Regensburg zu übertragen. Ein Ochsenkarren brachte den toten Bischof über den Salzsenderweg zum Isarufer beim heutigen Münchner Stadtteil Sankt Emmeran, wo er auf ein Floß geladen und nach Regensburg verschifft wurde.

Sobald der Heilige in Regensburg seine letzte Ruhestätte gefunden hatte, endete der lange Regen. Aber seit jener Zeit soll an manchen Septembermorgen eine schwarze Gestalt entlang des Salzsenderweges wandeln.

Adresse Salzsenderweg, 81927 München-Oberföhring | **ÖPNV** S 1–S 8 bis Isartor-platz, dort umsteigen, mit der Tram 16 Richtung Sankt Emmeran bis Taimerhofstraße, 100 Meter auf der Cosimastraße nach Süden, dort zweigt links der Salzsenderweg ab | **Tipp** 1990 wurden entlang des Salzsenderweges mehrere runde, den römischen Meilen-steinen nachempfundene Säulenstümpfe aufgestellt, die auf die einstige Bedeutung des kleinen Weges als Römerstraße hinweisen.

82 Auf der Blutenburg

Ein Geist, der an eine große Liebe erinnert

Idyllisch in einer Flussschleife der Würm gelegen, ist die Blutenburg einer der romantischsten Orte Münchens. Besonders Verliebte zieht es hierher, um Hand in Hand im Schutze der dicken Mauern romantische Liebesschwüre auszutauschen. Doch die Burg birgt ein dunkles Geheimnis von einer großen Liebe und deren schrecklichem Ende.

Herzogtum Bayern, 15. Jahrhundert. Gerade war es Ernst von Wittelsbach gelungen, sein Land unbeschadet aus dem sogenannten »Bayerischen Krieg« herauszumanövrieren, da bahnte sich die nächste Krise an. Ausgerechnet eine Baderstochter hatte sich sein einziger Sohn zur Ehefrau erkoren! »Nicht standesgemäß« war für diese Wahl noch die wohlwollendste Beschreibung. Bei einem Ritterturnier im Augsburg des Jahres 1428 hatte der 27-jährige Albrecht die etwa zehn Jahre jüngere Agnes Bernauer kennengelernt, kurz darauf seine Verlobung mit einer Tochter des Grafen von Württemberg gelöst und heimlich seine Geliebte geheiratet. Zunächst nimmt er Agnes mit in die Alte Veste zu München, ab 1432 lässt er die Blutenburg zu ihrem gemeinsamen Heim ausbauen.

Doch die glückliche Zeit endet abrupt am 12. Oktober 1435. Um seine politischen Pläne nicht zu gefährden, veranlasst Herzog Ernst eine Einladung Albrechts zu einem Jagdausflug, während er seine ungeliebte Schwiegertochter allein in der Straubinger Residenz weiß. In einem Scheinprozess wird »die Bernauerin« der Hexerei schuldig gesprochen und ohne Aufschub in der Donau ertränkt.

Albrecht war außer sich vor Kummer und Zorn, nur die Intervention des deutschen Kaisers konnte einen Bürgerkrieg verhindern. Seinen Wohnsitz auf der Blutenburg behielt Albrecht bis zu seinem Tod 1460 bei, er fühle sich dort der glücklichsten Zeit seines Lebens besonders nahe, ließ er verlauten.

Hatte auch Albrecht die schlanke Gestalt gesehen, die noch heute im Mondenschein suchend durch den Innenhof der Burg wandeln soll?

172

Adresse Schloss Blutenburg, Seldweg 15, 81247 München-Obermenzing | **ÖPNV**
S 3 – S 8 bis Pasing, von dort mit dem Bus 56 zum Schloss Blutenburg | **Öffnungszeiten**
Außenanlagen frei betretbar, Innenhof: April–Sept. 9–17 Uhr, Okt.–März 10–16 Uhr, am
Abend kann der Innenhof auch durch die Schlossschänke betreten werden | **Tipp** Unbedingt
empfehlenswert ist es, den Abend auf der Terrasse der Blutenburger Schlossschänke bei
gehobener bayerischer Küche oder auch nur einem Gläschen Prosecco direkt am Ufer des
Schlossweihers ausklingen zu lassen (Tel. 089/8119808, www.schlossschaenke-blutenburg.de).

83 Auf der Spiegelwiese

Rückzugsort für Schwarze Fräulein an der Würm

Die alte Pasinger Dorfsage lässt keinen Zweifel aufkommen: Nachts, sobald die Dunkelheit hereingebrochen ist, tanzen die Hexen auf der Spiegelwiese, und mit jedem, der sie stört, wird es ein böses Ende nehmen. So böse, dass man es überhaupt gar nicht beschreiben kann. Ganz so alt kann die Sage aber gar nicht sein, denn die Wiese zwischen Marienplatz, Pasinger Bahnhof und Würm wurde erst um 1900 nach dem Pasinger Wirt Matthias Spiegel benannt. Also nur eine Kinderschreck-Geschichte? Vielleicht ja, aber sicher nicht nur. Es gibt nämlich noch eine viel ältere Version der Sage.

In manchen Nächten, sommers wie winters, sollen drei schwarz verschleierte Frauen, jede von einem riesenhaften Geisterhund begleitet, auf einer Wiese an der Würm nördlich des Dorfs Pasing gesehen worden sein. Sie gingen nicht, sie wandelten nicht, sondern sie schwebten, stets von Osten kommend, in Richtung Würm über den Boden. Dort sollen sie sich in den Nebeln über dem Wasser aufgelöst haben. Den Menschen taten sie nie etwas zuleide, doch waren sie gefürchtet, denn ihr Erscheinen war ein untrügliches Zeichen für einen bevorstehenden Wettersturz.

Erstaunlich ist dabei, dass solchen Wetterstürzen im Raum München ein selten auftretender Ostwind vorausgeht. Weniger erstaunlich ist, dass am ganzen Verlauf des kleinen Flüsschens auffallend oft Schwarze (siehe Ort 102), oder Weiße (siehe Ort 28) Fräulein auftreten, von denen berichtet wird, dass sie sich in den Nebeln über dem kleinen Flüsschen auflösen würden.

Die Spiegelwiese gibt es heute nicht mehr. Geblieben ist aber ein kleines grünes Stück Würmufer zwischen Bodensee- und Haberlandstraße.

Nicht nur wenn die Herbstnebel tief über dem Wasser stehen, könnte man versucht sein zu glauben, dass sich die Schwarzen Fräulein oder auch die tanzenden Hexen infolge des Baubooms hierher zurückgezogen haben.

Adresse Grünanlage am Manzinger Weg, Manzingerweg, 81241 München-Pasing | **ÖPNV** S 3 – S 8 bis Pasing, vom Bahnhofsplatz die Kaflerstraße nach Westen bis zum Manzinger Weg gehen | **Öffnungszeiten** immer zugänglich | **Tipp** Von der Grünanlage am Manzinger Weg führt ein Spazierweg die Würm entlang zur Blutenburg (siehe Ort 82).

84 Bei der Perlacher Mühle

Die Sage von den bösen Müllerssöhnen

Es war einmal ein frommer Müller, der hatte zwei Söhne und eine Mühle – vermutlich aber weder Esel noch Kater. So mussten sich die Söhne in der Altmünchner Sage, anders als im Märchen, nach seinem Tod die Mühle teilen. Sie stand dereinst im Dorf Perlach am Unterlauf des Hachinger Bachs.

Dieser Hachinger Bach ist das einzige Fließgewässer, das in der Münchner Schotterebene entspringt. Ohne eindeutige Quelle oder Mündung und mit einer im Verlauf stark variablen Wassermenge ist der Bach durchaus eine Merkwürdigkeit, zumal er immer wieder gänzlich trockenfällt, letztmals im Jahre 1972. Alle sieben Jahre würde das passieren, hieß es einst, denn das sei der Tribut, den der Teufel von einem Müller dafür verlangt hatte, dass er dem Bach genug Kraft für seine Mühlen gebe. Viele alte Geschichten erzählen von Müllern, die mit dem Teufel im Bunde waren.

Wohl deshalb weist die Perlacher Sage explizit darauf hin, dass der Müller ein rechtschaffener Mann gewesen war. Anders seine Söhne, die einander den jeweiligen Erbteil missgönnten und sich so sehr befehdeten, dass sich der Perlacher Pfarrer aufmachte, ihnen ins Gewissen zu reden. Mit gotteslästerlichen Worten jagten ihn die Brüder aus der Mühle hinaus und verfluchten dabei lauthals ihren Vater. Punkt zwölf Uhr in der folgenden Nacht versiegte der Hachinger Bach genau vor dem Mühlrad. Das Brüderpaar fand man erhängt an zwei Birnbäumen.

So wurde, anders als im Märchen, aus keinem der Müllerssöhne ein Graf und erst recht kein König. Vielmehr sind sie dazu verdammt, bis in alle Ewigkeit im Mondschein den Lauf des Perlacher Mühlbachs zu bewachen – bis in unsere Tage.

Die Perlacher Mühle am ehemaligen Lauf des Hachinger Bachs wurde bei archäologischen Grabungen in den 1990er Jahren entdeckt, vermutlich war sie schon zur Römerzeit in Betrieb und ist damit eine der ältesten Siedlungsstellen in der Stadt München.

Adresse Grünanlage Schmidbauer-, Ecke Hofangerstraße, 81735 München-Perlach |
ÖPNV S 1– S 8 bis Ostbahnhof, umsteigen in Bus 55 Richtung Waldperlach bis
Adilostraße, der Ottobrunner Straße in südlicher Richtung 500 Meter bis zur Schmid-
bauerstraße folgen, hier links um eine Straßenbiegung zur Grünanlage Ecke Hofanger-
straße | **Öffnungszeiten** immer frei zugänglich, im nördlichen Bereich der Grünanlage
befindet sich ein Infopavillon zu den archäologischen Grabungen | **Tipp** Ein Teil des
Hachinger Bachs ist inzwischen renaturiert, besonders schön ist der Bachlauf am Krehle-
bogen am Weg zum Sportplatz. Dort befindet sich am Ufer zudem die anrührende
Bronzeplastik »Mann spricht mit Fisch« von der Künstlerin Emese Zavory.

85_ Bei Maria Ramersdorf
Wallfahrten, Schwedengeiseln und Geistergericht

Die Kirche Maria Ramersdorf ist einer der wichtigsten und ältesten bayerischen Marienwallfahrtsorte. Das auf den berühmten Bildhauer Erasmus Grasser zurückgehende Gnadenbild der thronenden Muttergottes auf dem Hochaltar sorgte schon im Spätmittelalter für einen großen Zulauf, viele Wunder wurden der Marienstatue über die Jahrhunderte zugeschrieben, und manch ein Wallfahrer berichtete, dass Maria höchstselbst ihm dort erschienen sei. Auch die im Juni 1632 als Bürgschaft für die Verschonung der Stadt München an den Schwedenkönig Gustav Adolf übergebenen Geiseln vertrauten sich der Gnade der Ramersdorfer Muttergottes an. Als mit der Dankesprozession nach überstandener Geiselhaft am 19. April 1635 das Votivbild enthüllt wurde, soll ein eiskalter Windstoß die Menge der Andächtigen durchdrungen haben, und viele schworen danach, die vier verstorbenen Geiseln deutlich gesehen zu haben. Oft noch wurde von vier Männern in bodenlangen Leichenhemden berichtet, die mit gebeugtem Haupt vor dem Votivbild gestanden hätten.

Trotz aller Wunder gehört Maria Ramersdorf zu den düstersten Kirchen nördlich der Alpen. Der schwarz-goldene Hochaltar wirkt beeindruckend wie beklemmend zugleich, Gleiches gilt für das Ensemble der Seitenaltäre und Kirchenbänke. Liegt es daran, dass sich dort, wo heute die Kirche steht, einst ein Geistergericht befunden hat, wie die Überlieferung erzählt? Auf der Ramersdorfer Anhöhe des Heidegebiets, das sich zwischen dem östlichen Isarhochufer, Perlach und Trudering erstreckte, wurde einst von schaurigen Gestalten Gericht gehalten. Doch auch mit der Überbauung des Platzes mit der Marienkirche konnte dem Treiben kein Einhalt geboten werden. Immer noch sollen sich in finsteren Nächten direkt vor der Kirche um Mitternacht Richter und unselige Angeklagte, die in ihrer Mitte knien, einfinden. Schlag ein Uhr ist der Spuk vorbei.

Adresse Kirche und Friedhof Maria Ramersdorf, Ramersdorfer Straße 6, 81669 München-Ramersdorf | **ÖPNV** U 2, U 7 bis Karl-Preis-Platz, über die Rosenheimer Straße in südlicher Richtung zur Kirchseeoner Straße gehen, dann links durch die Aribonenstraße zur Kirche Maria Ramersdorf | **Öffnungszeiten** tagsüber zugänglich | **Tipp** Zwischen Maria Ramersdorf und der Rosenheimer Straße steht in alter Tradition der mit den Zunfttafeln der ehemals selbstständigen Gemeinde Ramersdorf geschmückte weiß-blaue Maibaum.

86 An der Sendlinger Kirche

Unheimliche Massengräber der Mordweihnacht

Der blutigsten Episode der Münchner Stadtgeschichte, der Sendlinger Mordweihnacht, war ein gesamteuropäischer Konflikt, der Spanische Erbfolgekrieg, vorangegangen. Infolge ungeschickten politischen Taktierens geriet Bayern unter kaiserlich-österreichische Herrschaft, unter der vor allem die Landbevölkerung litt. Binnen weniger Monate begann sich im bayerischen Oberland Widerstand zu formieren, am Heiligen Abend des Jahres 1705 marschierten rund 3.000 Bauern nach München, um die Stadt von den österreichischen Besatzern zu befreien – ein Himmelfahrtskommando. Nach einem Gefecht am heute nicht mehr existenten Roten Turm, etwa an der Stelle des Deutschen Patentamts, waren die Oberländer bereits schwer getroffen. Nur wenige Aufständische konnten sich nach Sendling flüchten, wo der geplante Nachschub ihrer Rückkehr harrte. Bei eisigen Temperaturen zogen sie sich auf den Friedhof der Sendlinger Kirche zurück, in der Hoffnung, die kaiserlichen Truppen würden den geweihten Bezirk achten. Doch die Hoffnung war vergebens. Als einer der Letzten soll der sagenumwobene Schmied von Kochel gefallen sein. Ob nur seine Kraft oder doch der ganze Schmied Sage ist, lässt sich heute nicht mehr klären. Am Morgen des Stephanitags, dem 26. Dezember, war die Sendlinger Flur weithin bedeckt mit sterbenden und toten Oberländern. Die bayerischen Freiheitskämpfer hatten mehr als 2.000 Tote zu beklagen.

Beerdigt wurden die Gefallenen in Massengräbern im Bereich der Sendlinger Kirche, auf dem Grabhügel der 800 nicht namentlich bekannten Oberländer steht ein Gedenkstein. 2007 wurde ein weiteres Massengrab auf dem Kirchenareal entdeckt.

Ist es verwunderlich, dass es nachts rund um die Sendlinger Kirche spuken soll? Berichte über Spukgestalten wie etwa einen morgensternschwingenden Schmied von Kochel gibt es zwar nicht, aber kein Anwohner würde freiwillig nachts den alten Friedhof überqueren wollen.

Adresse Friedhof der Alten Sendlinger Kirche, Plinganser Straße 1, 81369 München-Sendling | **ÖPNV** U 6 bis Harras, von dort 500 Meter in nördlicher Richtung auf der Plinganser Straße | **Öffnungszeiten** tagsüber immer frei zugänglich | **Tipp** Gegenüber der Kirche, auf der anderen Seite der Lindwurmstraße, befindet sich das Schmied-von-Kochel-Denkmal für den großen Helden des bayerischen Freiheitskampfs.

87___An der Marienklause

Die unheimliche Kapelle der Flößer

Bereits seit dem frühen 14. Jahrhundert wurde von der Isar südlich von München ein Mühlbach abgeleitet, denn die Isar war als
Gebirgsfluss viel zu wild und unberechenbar für einen geregelten
Mühlenbetrieb. Über Jahrhunderte war damit der Auer Mühlbach
neben Isar und Salzstraße eine der Lebensadern Münchens. Dementsprechend wichtig war der »Wasseraufseher« genannte Schleu-
senwärter. Eine angesehene Tätigkeit zwar, aber auch eine, die mit
hohen Gefahren verbunden war. Immer wieder wurde die Schleuse
von Flutwellen überrollt, Treibholz musste aus dem Wehr entfernt
werden – und dann war da auch noch die Isarnixe! Viele der Wasseraufseher wussten unheimliche Geschichten über ihr Wehr zu erzählen. Gefürchtet war das Mühlbachwehr auch bei den Flößern, die
hier über eine Floßrutsche mit steilem Gefälle zum letzten Fluss-
abschnitt vor der Lände nördlich der heutigen Ludwigsbrücke hin-
abtreiben konnten.

Nachdem 1815 ein in der Flößerei als sehr erfahren geltendes
Münchner Brüderpaar wie von Teufelshand gelenkt den Schleusen-
steg gerammt hatte, stiftete der Sohn des einen Verunglückten dort
eine Marienkapelle, um die bösen Mächte, die diesem Ort inne-
wohnten, zu besänftigen. Vielleicht wirken deshalb die Marienklause
und der unterhalb entspringende Jakobsbrunnen nicht so licht und
hell, wie man es im Allgemeinen von Marienkapellen und Brunnen-
heiligtümern gewohnt ist. Manche Menschen sagen, hier spukt es
sogar am lichten Tag!

An Herbstabenden soll an der Marienklause auch ein kleines blaues Lichtlein gesehen werden, das von der Isar her zu kommen scheint,
über die Kapelle hinwegschwebt und weiter in Richtung Annakircherl (siehe Ort 70) zieht. Diese blauen Irrlichter wurden früher als
Seelenlichter bezeichnet, sie stehen in der Überlieferung für unschuldige Seelen und ungeborene Kinder, die von ihren Müttern getötet
wurden – wie es die Legende vom Annakircherl berichtet.

Adresse Marienklause, Schlichtweg 15, 81543 München-Thalkirchen | **ÖPNV** U 3 bis Thalkirchen, über die Tierparkbrücke auf die andere Isarseite gehen und am Ufer entlang am Tierpark vorbei bis zum Marienklausenstein am Abzweig des Auer Mühlbachs, Jakobsbrunnen und Marienklause befinden sich links im Wald unter dem Isarhochufer | **Öffnungszeiten** immer frei zugänglich | **Tipp** Auf der orografisch linken Isarseite an der Marienklausenbrücke hat sich einer der wenigen von Stadtbaurat Wilhelm Bertsch 1906 initiierten und nach ihm »Bertschbrunnen« genannten Holztrogbrunnen erhalten, an denen man Trinkwasser direkt aus der städtischen Wasserleitung trinken kann.

88 Am Truderinger Krater

Geisterspuk in tiefen Höhlen

Der Münchner Stadtteil Trudering hat eine besondere Beziehung zu unheilvollen Löchern.

Das schwerste Unglück ereignete sich im September 1994, als sich bei U-Bahn-Bauarbeiten nach Wassereinbruch im Tunnel ein Hohlraum gebildet hatte. Zwei Busse konnten den Gefahrenraum rechtzeitig verlassen, doch für den Bus der Linie 192 war es zu spät. Als die Fahrbahndecke einbrach, stürzte er in das entstehende Loch und wurde wie in einem Strudel nach unten gezogen. Drei Menschen fanden im zementartigen Gemisch aus Grundwasser, Kies und Sand den Tod.

Beinahe harmlos nimmt sich dagegen ein Vorfall vom August 2003 aus, bei dem eine Radlerin auf der Wasserburger Landstraße in ein vermeintliches Schlagloch fuhr, das sich als metertiefe Treibsandgrube, entstanden aufgrund eines Wasserrohrbruchs, entpuppte. Im letzten Augenblick konnte sich die Frau retten, das Fahrrad versank.

Wo sich das größte der Truderinger Löcher unter dem ehemaligen Schloss einst aufgetan hat, ist nicht gesichert. Nachdem Uta, die Tochter des Bayernherzogs Theodo I., nach dem Mord am Regensburger Bischof Emmeran (siehe Ort 81) vom herzoglichen Hof geflohen war, fand sie nur bei dem als grausam verrufenen Schlossherren von Trudering Unterschlupf und heiratete ihn in ihrer Not. Voll der Reue versuchte Uta, die Untaten ihres Gatten wiedergutzumachen, und brachte, sooft es ihr möglich war, Almosen für die Armen in das Dorf. Als sie am Tag vor Pfingsten von einem dieser Gänge zurückkehrte, sah sie, wie vor ihren Augen das ganze Schloss samt ihrem hartherzigen Gatten in ein trichterförmiges Loch hineingezogen wurde und versank.

Medial veranlagte Menschen behaupten, in Trudering sei es an verschiedenen Stellen möglich, Kontakt zu Geistern aufzunehmen, die in tiefen Höhlen hausen. Ein guter Ort dafür wäre am U-Bahnhof Trudering, dort sei auch die sogenannte Uta-Höhle, in der dereinst das Truderinger Schloss versunken war.

Adresse Gedenkstein zum Kraterunglück von Trudering am Truderinger Bahnhof, Truderinger Straße 257, 81825 München-Trudering | **ÖPNV** U 2, S 4 oder S 6 bis Trudering | **Tipp** Kein Geist, sondern eine echte Truderinger Drude kann ganz in der Nähe, in der Solalindenstraße 24, besichtigt werden. Auf dem 1929 eingeweihten Drudenbrunnen fliegt sie auf ihrem Hexenbesen in den Himmel.

89 Auf der Burg Massenhausen

Die brennende Schwurhand einer Unschuldigen

Es müssen entsetzliche Szenen gewesen sein, die sich in der Nacht des 5. Dezembers 1323 im Burghof zu Massenhausen abspielten. Vor den Augen zahlreicher Schaulustiger wurden ein Mann und eine Frau herbeigeführt und auf einem vorbereiteten Scheiterhaufen festgebunden. Nicht ein Wort soll dem Mann über die Lippen gekommen sein, die Frau dagegen erhob ihre Stimme: »Ich verfluche Euch, Massenhausner, die Ihr Unschuldige richtet! Nie wieder soll Euch ein Sohn geboren werden!« Als sie nach diesen Worten die Hand zum Schwur hob, schlugen die Flammen bereits über ihrem Kopf zusammen. Ein grauenvoller Anblick, der sich alle 100 Jahre am Tag ihrer Hinrichtung über dem Burgstall von Massenhausen wiederholt – so erzählt es die Legende. Doch was hatte zu der Tragödie geführt?

Der als Vertrauter von Kaiser Ludwig dem Bayern hoch angesehene Edelfreie Arnold IV. von Massenhausen heiratete 1318 die schöne Elisabeth, Tochter des Grafen Greif zu Greiffenberg. Ob das Ehepaar einander zugetan war, ist nicht bekannt, ein Hindernis könnte die fehlende Nase des wesentlich älteren Gatten gewesen sein. Nach der Geburt des Sohnes Wilhelm schien die Ehe zunächst in geregelten Bahnen zu verlaufen, das sollte sich mit dem Einzug von Arnolds Neffen Engelmar jedoch ändern. Der häufig verreiste Arnold verdächtigte seine Frau der Untreue mit dem Verwandten. Trotz aller Unschuldsbeteuerungen steigerte sich der erboste Gatte in seinen Zorn hinein und verurteilte schließlich beide kraft seines Amtes als örtlicher Richter zum Tod auf dem Scheiterhaufen.

Elisabeths Fluch zeigte Wirkung. Mit ihrem eigenen Sohn starb das Geschlecht der Massenhausner aus, und vielleicht ist ja ein nicht überlieferter Teil des Fluchs daran schuld, dass Arnold der Nasenlose bei der Belagerung der Burg Arnbach von brennenden Trümmern getroffen wurde und seinerseits bei lebendigem Leibe verbrannte.

Adresse Burgstall Massenhausen, Am Schloßgraben, 85376 Neufahrn-Massenhausen |
Anfahrt A 9, Ausfahrt Eching, rechts nach Neufahrn, nach Freising und in der Ortsmitte
links in die Christl-Cranz-Straße / St 2341 abbiegen und dem Straßenverlauf bis Massenhausen folgen, am Kreisverkehr Massenhausen in die Freisinger Straße, dann links in die
Obere Hauptstraße und nach 320 Metern links zum Burgstall Am Schloßgraben | **Tipp**
An den Neufahrner Mühlseen zwischen Massenhausen und Neufahrn befindet sich die
traditionsreiche Forellenzucht Nadler, in der man ganzjährig küchenfertige und frisch
geräucherte Forellen und Saiblinge, im Winterhalbjahr auch schlachtfrische Karpfen und
Schleien bekommt (Moosmühle 11, Tel. 08165/8309, www.forellenzucht-nadler.de).

90 Auf Schloss Notzing

Rossknecht und Schlossherr beim Geistern vereint

Nur schemenhaft ist Schloss Notzing im dichten Baumbestand seiner Parklandschaft auszumachen, so als sei es verwunschen. Wann das Schloss erbaut wurde, liegt im Dunkeln, im Mittelalter war es eine Wasserburg. Anfang des 16. Jahrhunderts wurden jedoch die Gräben trockengelegt und die Burg bis auf die heute noch im Original erhaltenen Kellergewölbe und die Grabenbrücke komplett umgestaltet – Notzing war nun ein »normales« Schloss. In der Rückschau scheint es, als wäre das der Auslöser für eine Reihe von unschönen Ereignissen gewesen. Zunächst war da der Tod des jungen Schlossherren Caspar von Schrenk 1520, der bei der Hasenjagd vom Pferd stürzte und verstarb – bis heute soll in den frühen Morgenstunden im östlichsten Teil des Schlossparks ein sehr bleicher junger Mann mit einem schwarzen Dreispitz auf dem Kopf zu sehen sein, der wie erstarrt in Richtung des Schlosses blickt, bevor sich seine Gestalt zu einem zarten Nebelstreifen auflöst. Tatsächlich ist das gehäufte Wegsterben der männlichen Linie in Verbindung mit einem ungewöhnlich frühen Tod der jeweiligen Schlossbesitzer äußerst auffallend. Sicherlich kein Unfall war der Tod des Schlossbesitzers Adam Max von Rosenbusch 1682. Ein Rossknecht wurde für den Mord verurteilt und am Rad hingerichtet. Doch seine Seele fand keine Ruhe, klagend soll sein Geist durch den Wald bei Notzing geirrt sein, bis ihn ein Pfarrer ins Erdinger Moos bannen konnte.

War es möglicherweise ein Auftragsmord nach erbittertem Familienstreit, wie die mit den Jahreszahlen »1671–1682« datierte Akte »Maria Anna v. Rosenbusch zu Notzing gegen ihren Sohn Adam Max wegen Übergabe der Administration der Güter« im Landshuter Staatsarchiv nahelegen könnte? Vielleicht kommt die Wahrheit noch ans Licht, denn seit den 1980er Jahren, dem Baubeginn des Flughafens im Erdinger Moos, soll der Geist des Rossknechts zurückgekehrt sein.

Adresse Schloßstraße 16, 85445 Oberding-Notzing | **Anfahrt** A 92, bei der Anschlussstelle Flughafen München auf die Überleitung zur B 301, dieser für 4,7 Kilometer in südlicher Richtung folgen und auf die Kreisstraße ED 7 Richtung Erding abbiegen, nach 10 Kilometern in der Ortsmitte von Notzing rechts auf die Römerstraße, dann die zweite rechts | **Öffnungszeiten** in Privatbesitz, Besichtigung nur von außen | **Tipp** Der Notzinger Weiher ist Naturschutzgebiet und Badeparadies für Familien in einem. Neben hervorragender Wasserqualität und einem ausgedehnten Nichtschwimmerbereich am Kleinen Weiher gibt es einen unter schönen Bäumen gelegenen Sandspielplatz. Hunde sind nicht erlaubt (www.notzinger-weiher.de).

91 Im Schlosspark Lustheim

Lustheimer Geistertreiben und ein Soldat

Eine Vielzahl von Geistern soll die Schlossanlage von Schleißheim heimsuchen, wobei die glaubwürdigste Beschreibung des Geistertreibens aus der unmittelbaren Nachkriegszeit stammt. Nachdem im Juli 1944 statt des Schleißheimer Flugplatzes irrtümlich Dorf und Schloss bombardiert worden waren, wurden die obdachlosen Schleißheimer Familien im unbeschädigt gebliebenen Schloss Lustheim untergebracht. Schon nach wenigen Tagen machten die ersten Geistergeschichten die Runde. Besonders im Nordflügel des von Kurfürst Max Emanuel in Auftrag gegebenen Jagd- und Plaisir-Schlosses würde es in jeder Nacht umgehen: Ganz deutlich seien Schritte zu hören, wo sich niemand aufhalte, Vorhänge wehten vor geschlossenen Fenstern, heiseres Raunen dringe aus leeren Räumen, und schließlich sei ein mysteriöser Blutfleck an mehreren aufeinanderfolgenden Winterabenden auf dem Dielenboden aufgetaucht und auf ebenso geheimnisvolle Weise vor aller Augen wieder verschwunden. Ein Mädchen berichtete sogar, schöne Damen wären an einem Tisch neben ihrem Bett gesessen und hätten dort Tee getrunken!

Zum Glück für das Mädchen waren ihr schöne Damen erschienen und nicht der napoleonische Soldat, der im Jahr 1805 im Schleißheimer Hofgarten unbemerkt von seinen Kameraden einen einsamen Tod fand. Offensichtlich war er, um Ausschau zu halten, auf eine der alten Eichen geklettert und in das morsche Holz des hohlen Baumes gestürzt, aus dem er sich nicht mehr hatte befreien können. Als 1830 mehrere Bäume im Hofgarten bei einem Unwetter umstürzten, ragte aus einem Baumstumpf die aufrecht stehende, skelettierte Leiche eines napoleonischen Soldaten samt Muskete hervor. Es war eine grausame Bestätigung für die vielen Menschen, die in den Jahren zuvor über das Totenantlitz eines Soldaten berichtet hatten, der ihnen im Hofgarten erschienen war und dort heute noch umgehen soll.

Adresse Schloss Lustheim im Schleißheimer Schlosspark, 85764 Oberschleißheim | **Anfahrt** A 99, Ausfahrt München-Neuherberg, auf der B 13 Richtung Schleißheim, nach 2,6 Kilometern am Kreisverkehr an der 3. Ausfahrt auf die Freisinger Straße abbiegen, nach 250 Metern links in die Hochmuttinger Straße und bis zum Parkplatz Schloss Lustheim am Eingang zum Hofgarten fahren | **Öffnungszeiten** Schloss Lustheim: Di–So April–Sept. 9–18 Uhr, Okt.–März 10–16 Uhr; Hofgarten: Jan., Feb., Nov., Dez. 8–17 Uhr, März und Okt. 8–18 Uhr, April und Sept. 8–19 Uhr, Mai–Aug. 8–20 Uhr | **Tipp** Beginnend an der Klausenkapelle im südlichen Schleißheimer Hofgarten führt der Klausenweg Wilhelms V. von Bayern als Fußweg rund um das Schlossareal zu neun verschiedenen Kapellen rund um Schleißheim (www.oberschleissheim.de/Klausenweg.n194.html).

92 Auf Schloss Odelzhausen

Die schwarze Todesbotin

Die Aufregung war groß, als im Juni 1874 während der Beerdigung des Brembauern Anton Bader die Odelzhausener Friedhofsmauer einstürzte. Schon sein tödlicher Schlaganfall am offenen Grab der eigenen Tochter, die während ihrer Hochzeitsreise in Rom verstorben war, war grausig genug gewesen. Dazu kamen verschiedene unheimliche Vorgänge bei der Aufbahrung des Toten in der Schlosskapelle, die in der Erscheinung der Schwarzen Frau gipfelten. Jener Sagengestalt, derer sich Anton Bader 20 Jahre zuvor bedient hatte, um die ältliche Besitzerin vom Schlossgut Odelzhausen zu vertreiben und es billig zu kaufen. Höchstselbst soll er damals seine Geistergeschichten mit nächtlichem Rumoren untermalt haben.

Erstmals erschienen war die Schwarze Frau Ende des 16. Jahrhunderts als Künderin des Todes des Schlossherrn Carl Albrecht von Minucci. Dieser hatte das Anwesen von seinem Onkel Osalco von Minucci geerbt, dem Bauherren des Schlosses, der zudem ein hochrangiger Militär in Diensten des Kurfürsten Max Emanuel gewesen war. Er hatte, nachdem seine Ehe kinderlos geblieben war, zusammen mit seiner Frau Maria Anna den Neffen als Erben eingesetzt; vor allem die Gräfin von Minucci war für ihren großen Familiensinn bekannt gewesen. Bis zum Abriss des Schlosses, das heutige Gebäude ist ein Neubau, erschien die Schwarze Frau mehr oder minder regelmäßig als Todesbotin – auch heute noch soll sie sich bei entsprechenden Ereignissen an einem Fenster des Schlosstürmchens zeigen.

Eine solche Todesbotin gibt es auch in der Münchner Residenz. Erstaunlicherweise reicht diese Legende bis zu einer Frau zurück, der ebenfalls ein besonders starker Familiensinn nachgesagt wurde, die als Tochter des Kurfürsten Max Emanuel eine Zeitgenossin der Gräfin Minucci war und deren Namen ebenfalls Maria Anna lautete – die aber eine vollkommen andere historische Person ist (siehe Ort 60).

Adresse Am Schlossberg, 85235 Odelzhausen | **Anfahrt** A 8, Ausfahrt Odelzhausen, am Kreisverkehr der Beschilderung entlang der Autobahn zum Schloss Odelzhausen folgen | **Öffnungszeiten** von außen immer zu besichtigen, zugänglich nur für Hotelgäste | **Tipp** Das Schlossgut Odelzhausen beherbergt ein Gutshotel sowie das einladende Bräustüberl, in dem noch heute Bier gebraut wird – das Braurecht geht auf den ehemaligen Schlossherrn von Minucci zurück (Am Schlossberg 1, www.schlossgut-odelzhausen.de).

93_ Um die Hartkapelle

Der gütige Geist des erschlagenen Pfarrers

Schon immer hatte die Gegend zwischen Andechs im Norden und Pähl im Süden einen unheimlichen Ruf. Sumpfige Moorwiesen wechseln sich ab mit dichtem Fichtenwald, so urplötzlich wie hier das Gelände an einer erst im letzten Moment erkennbaren Hangkante abbricht, windet sich dort ein Pfad hinauf auf sanfte Wiesenhügel, deren Gipfel im Herbst von Schleiernebel verhüllt sein können. Irrlichter sollen ihr Unwesen treiben und allerlei Waldgeister ohnehin.

Kurzum, wer konnte, mied das Gebiet. Nicht meiden konnte den einsamen Pfad allerdings ein Pfarrer, der sich in Ausübung seiner Tätigkeit von Pähl aus auf den Weg zum Kloster Andechs machte. Und vermutlich war sich Hochwürden Balthasar Fischer bei seinem Aufbruch am Morgen des 21. März 1653 auch des himmlischen Beistands gegen so manch andersweltliche Unholde sicher – gegen die weltlichen Unholde, die ihm auf seinem Rückweg auflauerten, half dieser jedoch nichts. Als Pfarrer Fischer am späten Abend nicht nach Pähl zurückkehrt, wird ein Suchtrupp ausgesandt, der ihn erschlagen am Wegesrand entdeckt. Den Gerüchten nach war sein Mörder ein junger Landsknecht, den er einst selbst vor einem Totschlag bewahrt hatte und der sich nach der Tat im Ammersee richtete.

Der Bruder des Pfarrers, der ihm später auch auf der Pähler Pfarrstelle nachfolgte, ließ kurz nach dem Mord am Tatort eine kleine Kapelle errichten. Schon bald berichteten die Menschen von seltsamen Lichtlein, die des Nachts die Kapelle erhellten. Reisende, die spätabends die Stelle passierten, erzählten, dass sich von der Kapelle ein kleines Licht gelöst und sie auf ihrem Weg begleitet habe. Es sei der gütige Geist des Pfarrers, sagen nicht nur die Pähler zu diesen Schilderungen.

Vielleicht hatte auch der Münchner Maler Moritz von Schwinde solch ein Erlebnis und verewigte die Hartkapelle deshalb in seinem wunderschönen Bild von der Waldkapelle.

Adresse Hartkapelle, 82396 Pähl | **Anfahrt** A 952 bis Autobahnende Starnberg, auf der B 2 Richtung Weilheim, etwa 13 Kilometer hinter Starnberg links in die Straße zum Golfclub Hochpähl (Beschilderung), der Straße am Pähler Schloss vorbei bis zum Parkplatz folgen, ein Forstweg führt nun in nördlicher Richtung nach Andechs, nach 2,5 Kilometern liegt die Hartkapelle linker Hand | **Tipp** Ein sehr schöner Radweg führt vom S-Bahnhof Herrsching (S 8) am Ammersee über Andechs vorbei an der Hartkapelle nach Pähl und weiter über Monatshausen zum S-Bahnhof Tutzing (S 6) am Starnberger See.

94 Auf dem Parsberg

Burgfräulein Waltraud büßt für ihr Tun

Von Puchheim im Norden bis nach Gilching im Süden erstreckt sich der bewaldete Höhenzug des Parsbergs. Hier gibt es nur wenige Straßen und nur zwei kleine Weiler. Dabei befand sich hier einst eine weithin bekannte Wehranlage mit Turmhügelburg und Vorburgen, wenn es auch eine der kleineren Anlagen im Münchner Umland war. Wer die Herren von Parsberg waren, ist nicht mehr bekannt. Es könnten Edelleute, Ministerialen oder Lehensmänner der Freisinger Bischöfe gewesen sein, die das Gebiet ab etwa 1320 besiedelten. Auch ist nicht bekannt, weshalb die Burg Mitte des 15. Jahrhunderts aufgegeben wurde.

War das Gemäuer bei der nahen Schlacht von Alling 1422 zu sehr in Mitleidenschaft gezogen worden – oder geschah es als Buße für das Tun einer verblendeten Maid?

Burgfräulein Waltraud, so geht die Sage, lehnte jeden der ihr vom Vater vorgeschlagenen Bewerber um ihre Hand ab, sodass der Burgherr kurzerhand Bräutigam und Hochzeitstag bestimmte. Doch er hatte nicht mit der Sturheit seiner Tochter gerechnet, die am Vorabend der Hochzeit heimlich floh.

Beim Versuch, sie zurückzuholen, fand der verlassene Bräutigam den Tod. Das hatte Waltraud nicht gewollt! Der Schrecken über den Tod des rechtschaffenen Jünglings fuhr ihr so tief in die Glieder, dass sie über Nacht schlohweiß wurde und als um Jahre gealterte Frau in die Burg ihres Vaters zurückkehrte, wo sie wenig später vor Gram starb. Auch ihren Vater hielt nun nichts mehr am Leben. Sobald er seine Augen für immer geschlossen hatte, zerfielen die dicken Mauern der Parsburg rund um seinen Leichnam zu Asche.

In hellen Vollmondnächten, so heißt es, könne man immer wieder die durchscheinend weiße Gestalt des Burgfräuleins mit dem pechschwarzen Haar auf der Parsburg herumirren sehen. Ihre Verzweiflung, heißt es weiter, sei jedem greifbar, der sich ihr auch nur auf 100 Schritte nähere.

Adresse Parsberg, 82178 Puchheim | **Anfahrt** A 96, Ausfahrt Germering-Süd, rechts Richtung Germering und nach 1,6 Kilometern auf die Landsberger Straße Richtung Gilching abbiegen, dem Straßenverlauf bis zum Kreisverkehr folgen, dort in die Salzstraße, nach 600 Metern rechts auf die Allinger Straße und immer geradeaus bis zum Parkplatz am Germeringer See, auf der Westseite des Sees nach Norden gehen, nach 200 Metern zweigt ein Forstweg zum Burgstall ab | **Tipp** Der Germeringer See wurde Anfang der 1970er Jahre als Baggersee angelegt, auf der großen Liegewiese gibt es sonnige wie schattige Bereiche, einen kleinen Badekiosk und ausgewiesene Grillplätze.

95__ Bei der Annakapelle

Wo vor Gewittern das Holzweiblein erscheint

Verschwundene Dörfer sind meist Orte, die nicht zum längeren Aufenthalt einladen. Anders der ehemalige Weiler Staucharting im Deisenhofener Forst. Um das Jahr 1000 gegründet, überstand die Ortschaft Brände und die Pest, erst eine Gebietsreform führte zur Abwanderung der Dorfbewohner, worauf der bayerische Staat 1856 das Dorf auf Abbruch kaufte. Geblieben ist aber die Kapelle, nachdem sich die Bevölkerung heftigst gegen ihren Abriss zur Wehr setzte. Schließlich war die Annakapelle zum damaligen Zeitpunkt schon seit über 100 Jahren Zentrum einer florierenden Wallfahrt, zahlreiche Votivbilder zeugten von den Wundern, die die heilige Anna gewirkt hatte. Die Kapelle blieb, wenn auch die Zeugnisse ihrer bedeutsamen Zeit genauso vergangen sind wie das Dorf. Bei einer Serie von Einbrüchen Mitte der 1950er Jahre wurden fast alle wertvollen Votivtafeln gestohlen und sogar auch Teile des Altars herausgerissen.

Gestiftet wurde die Annakapelle 1692 von einem Stauchartinger Bauern namens Melchior Seidel, aus welchem Grunde genau, ist heute nicht mehr bekannt. Die heilige Anna ist in ihrer Darstellung als »Anna selbdritt«, als ältere Frau mit Maria als Mädchen und dem Jesuskind, eine bedeutende Schutzpatronin für die Familie und gegen Gewitter.

Zeitlich passend beginnen um den Annatag am 26. Juli die sommerlichen Hundstage mit großer Hitze und schweren Gewittern. Während der Hundstage gefälltes Bauholz soll nach alter Überlieferung nicht brennen, die Wahrscheinlichkeit für Waldbrände durch Blitzschlag ist zu dieser Zeit dagegen hoch.

Kurz vor heftigen Sommergewittern soll an der Annakapelle und rundum im Wald ein geheimnisvolles Holzweiberl mit hoch aufgeschichteter Holzkraxe zu sehen sein, das mit warnend erhobenem Zeigefinger schon viele Kinder erschreckt hat. Doch nie hat jemand durch sie Schaden genommen, sie ist nur eine Warnung.

Adresse Waldkapelle Sankt Anna, Hirschbrunner-Geräumt im Deisenhofener Forst, 82054 Sauerlach | **Anfahrt** A 8, Ausfahrt Hofoldinger Forst, auf der St 2070 nach Sauerlach fahren, dort rechts in die Kirchstraße abbiegen und nach 300 Metern rechts in den Stauchartinger Weg, knapp 2 Kilometer bis zum Parkplatz im Wald, zu Fuß geradeaus zur Annakapelle | **Öffnungszeiten** nur von außen zu besichtigen | **Tipp** Westlich der Annakapelle, am Hirschbrunnen-Geräumt, befindet sich der gleichnamige Hirschbrunnen. Im Jahr 2000 wurde an der Stelle des alten Brunnens ein Biotop angelegt, in dem eine außergewöhnliche Vielfalt auch seltener Wassertiere beobachtet werden kann. Die beste Zeit dafür ist von Mai bis Ende Juni.

96 Unter der Birg

Wo das Birgweiblein für immer büßt

Zwischen Schäftlarn und Baierbrunn liegt auf einem Geländesporn des Isarhochufers eine zum Schutz vor den Ungarneinfällen errichtete Fliehburg. Zugehörig zum Kloster Schäftlarn, war die Wehranlage groß genug, um im Gefahrenfall das gesamte Kloster sowie die Bevölkerung aus den umliegenden Gehöften aufzunehmen. Spätestens im 12. Jahrhundert wurde sie jedoch aufgegeben.

Der Sage nach soll dort einst ein Raubritter namens Conrad Sachsenhauser gehaust haben, der Reisende überfiel und Seile quer über die Isar spannte, um damit die von Mittenwald kommenden Flöße regelrecht abzuräumen. Doch auch Raubritter können es zu bunt treiben oder einfach an den Falschen geraten. So erging es auch dem Sachsenhauser, dem ein all seiner Ware beraubter Kaufmann Rache schwor und kurz darauf erreichte, dass die Birg von einem Söldnertross belagert wurde. Doch Woche um Woche hielt die Festung stand, nie ging ihr Wasservorrat zur Neige. Da kam ein altes Weiblein mit einer Buckelkraxe voll Holz und einem Strohhut auf dem Kopf zu den Belagerern und riet ihnen, ein Ross drei Tage hungern und dursten zu lassen und es dann über die Wiesen vor der Birg zu führen. Da werde es die verborgene Quelle schon finden, von der eine unterirdische Wasserleitung in die Burg führe.

Der Plan gelang, ohne Wasser musste sich der Sachsenhauser ergeben, wurde festgesetzt und dem Scharfrichter übergeben. Bevor er aber starb, verfluchte er die alte Frau und das Pferd, die ihn verraten hatten.

So kann man heute noch das Birgweiblein mit Kraxe und Strohhut nach Anbruch der Dämmerung über die Birg wandern sehen, häufig berichten abendliche Spaziergänger von einer unheimlichen Begegnung. Noch unheimlicher ist das durchscheinende Geisterross, das die Quelle einst fand. Abend für Abend kehrt es zum Stehbründl zurück, um dort seine Hufe in den sumpfigen Boden zu schlagen.

Adresse Stehbründl, 82069 Schäftlarn | **Anfahrt** A 95, Ausfahrt Schäftlarn, nach Schäftlarn fahren, an der Münchner Straße links, nach 540 Metern in den Stehbründlweg einbiegen, hier parken, auf dem Feldweg geradeaus, nach 350 Metern befindet sich das Stehbründl in einem kleinen Wäldchen links oberhalb, zur Birg weiter geradeaus in den Wald, nach rechts und auf dem Waldweg am Waldrand entlang bis zur nächsten Kreuzung, dort links und gleich wieder rechts | **Tipp** Ein wesentlich neuerer unheimlicher Ort ist die Mariengrotte beim Kloster Schäftlarn. Nur wenige Meter neben der Straße in einer moosigen dunklen Waldmulde gelegen, ist die Andachtsstätte in den Nagelfluhfelsen des Isarufers hinein-geschlagen (an der Klosterstraße, 200 Meter oberhalb des Ortseingangs – an der Straße steht ein Marienbild).

97 Am Teufelsweiher

Wohin der Teufel den Bayernherzog getragen hat

Noch vor 150 Jahren war es ein allabendlicher Anblick: Schwarz gekleidete Benediktinermönche umrundeten gemessenen Schrittes unter unablässiger Rezitation von Psalmen und Chorälen den hintersten und kleinsten der klostereigenen Fischweiher. Nur durch regelmäßige liturgische Rituale bleibe der teuflische Herzog Arnulf I., genannt der Böse, in sein nasses Grab gebannt, glaubten die frommen Brüder.

Nach klerikaler Meinung war Arnulf wirklich außerordentlich böse, schließlich hatte er zum Aufbau eines bayerischen Heeres etliche Kirchengüter eingezogen. Das von ihm aufgestellte Heer hatte allerdings vor allem den Sinn, gerade die Klöster vor den Bedrohungen der Ungarneinfälle zu schützen. Dennoch fand die Kirche Arnulfs Vorgehensweise mehr als unangemessen. Von höchster Stelle wurde ihm deshalb als Strafe das Datum seines Todes vorhergesagt – der auch auf den Tag genau eingetreten sein soll. Als der Leichnam des Herzogs in der Emmeramskirche zu Regensburg zu Grabe getragen werden sollte, erschien der Teufel gar selbst, ergriff den Corpus, flog damit in einem teuflischen Sturm nach Scheyern und versenkte ihn im kleinsten der klösterlichen Fischweiher.

Schon in der folgenden Nacht begann der Herzog von dort aus zu geistern und zu rumoren. Auf einem feurigen Ross soll er immer bei Sonnenuntergang aus dem dunklen Nass ausgefahren sein, bis die Mönche dem Spuk durch ihre Gebete Einhalt gebieten konnten. Heute ist dieses allabendliche Ritual Geschichte, und wer den Teufelsweiher tagsüber besucht, wird nichts von der besonderen Stimmung verspüren, die sich noch immer zum Sonnenuntergang über die Szenerie legt.

Ganz so kann sich die Geschichte aber nicht ereignet haben. Während Herzog Arnulf bereits im Jahr 937 verstorben war, wurde Kloster Scheyern erst 1119 gegründet. Die Anlage der Fischweiher muss demnach erst weit nach dem Tod des Bayernherzogs erfolgt sein.

Adresse Teufelsweiher, 85298 Scheyern | **Anfahrt** A 9, Ausfahrt Pfaffenhofen, über die Kreisstraße PAF 6 in westlicher Richtung zur B 13, diese überqueren und weiter nach Scheyern, nach dem Kloster am Ortsende links zum Klostergut Prielhof abbiegen, hier parken, zu Fuß vorbei an vier Fischweihern, nach Westen in 600 Metern zum Teufelsweiher | **Tipp** Am Klostergut Prielhof beginnt ein Planetenweg, der in einer knappen Stunde, unter anderem vorbei am Teufelsweiher, mit Infotafeln und Beschilderung durch das komplette Planetensystem führt.

98 Auf der Amperinsel

Ist dort ein römischer Soldat verblieben?

Die Amperinsel bei Schöngeising gehört zu den Orten, die schon auf den ersten Blick irgendwie verwunschen wirken. Vor allem an Herbstabenden kurz vor Sonnenuntergang, wenn das letzte Tageslicht eine stimmungsvoll-schummerige Atmosphäre zaubert. Die dunkle Amper, die die kleine Insel gleichmäßig umfließt, scheint wie eine Grenze zur realen Welt, auch wenn zwei Brücken im Osten und Westen zum Festland hinüberführen. Rundum ist das Ufer dicht an dicht von Bäumen und Strauchwerk bestanden, die auch im Winter kaum einen Blick auf das Inselinnere zulassen. Vielleicht ist es diese Abgeschiedenheit, die die Amperinsel zu so einem besonderen Ort macht. Nach einer mündlichen Überlieferung sollen sich hier noch im 18. Jahrhundert Reste eines römischen Wachturms befunden haben, die aber 1767 von einem Hochwasser weggeschwemmt wurden.

Stammt das Licht, das seit Jahrhunderten des Nachts vom Ufer aus auf der Insel beobachtet wird, wirklich von einem römischen Wachposten, der seine Stellung bis über den Tod hinaus hält und das Land gegen die Einfälle von Germanen und Bajuwaren schützt? Oder ist es das Seelenlicht der seligen Herluka, einer fast vergessenen wundertätigen Seligen des 12. Jahrhunderts, der bereits zu Lebzeiten nachgesagt wurde, sie könne jeden bösen Gedanken kraft eines von ihr verursachten Leuchtens vertreiben? Mehrere Jahre lang soll Herluka auf der Amperinsel eine Schule für adelige Mädchen geführt und Wunder gewirkt haben, bevor sie sich nach Bernried am Starnberger See zurückzog. Für diese These spricht, dass immer wieder beobachtet wird, wie sich das geheimnisvolle Licht von der Insel über die Brücke auf die Schöngeisinger Kirche zubewegt.

Manche behaupten aber auch, die Lichter stammten von Geistwesen, die von überallher kämen, um sich auf der Schöngeisinger Amperinsel zu ihren geheimen Zusammenkünften zu treffen.

Adresse Amperinsel, 82296 Schöngeising | **Anfahrt** A 96 Ausfahrt Wörthsee, auf der St 2348 nach Etterschlag fahren und dort rechts auf die Münchner und dann Mauerner Straße abbiegen, in Mauern rechts nach Schöngeising, hier von der Brucker Straße rechts auf die Kirchstraße abbiegen, vom Parkplatz an der Kirche Sankt Johann Baptist über die Brücke auf die Amperinsel | **Tipp** Zwischen Schöngeising und Fürstenfeldbruck liegt das Naturschutzgebiet Amperauen, in dem das ganze Jahr über Biber, Eisvögel oder die seltenen Schwarzstörche beobachtet werden können. Der Weg beginnt direkt an der Schöngeisinger Amperinsel und führt am westlichen Ufer entlang bis zum Kloster Fürstenfeld.

99__Rund um den Schlossberg

Sunderburg, Opfersteine und unheimliche Gräber

Selten ist die Legendendichte um ein solch eindrucksvolles Ensemble, wie es mit Sunderburg, Opfersteinen und Gräbern unterschiedlichster Kulturepochen und Jahrtausende rund um den Schöngeisinger Schlossberg zu finden ist, so dünn wie hier.

In weiten Teilen ist der Forst zwischen Grafrath, Schöngeising und dem Dorf Mauern ein freundlich anmutender Laubmischwald oberhalb der östlichen Amperleite, in dem die Besiedlungsspuren über 3.000 Jahre zurückreichen. Frühe Kulturen errichteten hier über 100 der typisch bronzezeitlichen Hügelgräber. Raubgrabungen des 19. Jahrhunderts hinterließen ein verstörendes Bild: Die in der Art eines geköpften Frühstückseis geöffneten Grabhügel zwischen den hohen Baumstämmen wirken ein bisschen so, als ob die einst hier Bestatteten jederzeit daraus auftauchen könnten. Die drei Gräber am Fuße der Sunderburg sind dagegen eben, nur die steinernen Einfassungen und der dichte Bewuchs mit irisierend schimmerndem Widertonmoos ziehen die Aufmerksamkeit auf sich. Auch ohne konkrete Spukgeschichte ist es kein Ort, an dem man länger verweilen möchte.

Die Anhöhe der Sunderburg zeigt sich viel freundlicher. Die durch das Blätterdach der Buchen mal hierhin, mal dahin wandernden Sonnenflecken lassen den von mehreren Ringwällen umgebenen Turmhügel verwunschen wirken. Fast ist man geneigt, der nur fragmentarisch überlieferten Erzählung über ein verzaubertes Burgfräulein Glauben zu schenken.

Auch an den Opfersteinen wirkt die Atmosphäre verwunschen, allerdings wesentlich düsterer als auf der immerhin bis in das 15. Jahrhundert besiedelten Burganlage. In einem Erdloch liegen zwei längliche Findlinge von jeweils gut zwei Metern Länge so nebeneinander, dass es von fern wirkt, als blicke man auf die eng umschlungenen Leichname eines Liebespaars in einem Grab. Wann und warum die Steine ihren schauerlichen Namen erhielten, weiß heute niemand mehr.

Adresse Schlossberg, 82296 Schöngeising | **Anfahrt** A 96, Ausfahrt Inning, auf der B 471 nach Grafrath, dort nach dem Kreisel rechts abbiegen, weiter nach Mauern, links in die Römerstraße und dem Straßenverlauf für 1,3 Kilometer folgen, auf der westlichen Straßenseite führt ein Forstweg in den Wald (Parkmöglichkeit), in nordöstlicher Richtung zum Schlossberg (Infotafel); von der Weggabelung vor der Sunderburg aus zu einer 2. Gabelung nach 200 Metern, hier rechts halten, nach weiteren 150 Metern führt ein Trampelpfad rechts in den Wald, wo sich am Fuße einer kleinen Anhöhe unterhalb eines Jägerstands die Opfersteine befinden; das Hügelgräberfeld liegt im Wald am Ortsausgang von Grafrath gegenüber dem Sportplatz | **Tipp** Von der Wanderung rund um den Schlossberg kann man sich bestens bei einer Einkehr in die historisch eingerichtete Wirtsstube mit Biergarten des nahe gelegenen Bauernhofmuseums am Jexhof erholen (www.jexhof.de).

100 Im alten Pollingsried

Irrwege, Pesttote und ein Mord

Rund um das ehemalige Dorf Pollingsried existieren die unheimlichsten Spukgeschichten, wiedergängerische Pesttote und ein dämonischer Hund etwa würden hier ihr Unwesen treiben. Im Internet gilt es gar als Trend-Spuk-Location.

Bereits im 10. Jahrhundert wurde Pollingsried vom Kloster Polling als Gutsbetrieb gegründet, fiel aber nach der Säkularisation 1803 an den bayerischen Staat, der das Gebiet aufforstete und zu diesem Zweck drei der vier Bauernhöfe abbrechen ließ. Verblieben sind nur der Tradfranzhof, zwei heute im Wald gelegene Brunnen, zwei Brunnen in der Dorfmitte und die Kirche.

Während der Pestzeit im Jahre 1634 gelobten die Pollingsrieder, eine jährliche Messe am Vorabend des Sebastianstages abzuhalten, um von der Seuche verschont zu bleiben. Danach soll tatsächlich niemand mehr in dem Umkreis erkrankt sein, in dem die Messglocken zu hören waren. Einen Pestfriedhof, wie es oft heißt, gab es in Pollingsried jedoch nie, auch in die Brunnen wurden keine Pesttoten geworfen. Und in Pentagrammform sind diese schon gar nicht angeordnet.

Der Wald rundum soll verflucht sein, Hunderte Irrwege führten Wanderer in die falsche Richtung. Immer wieder soll jedoch ein schwarzer Hund erscheinen, der einem den richtigen Weg weist. Dieser Hund spielt eine entscheidende Rolle in der einen Pollingsrieder Schauergeschichte, die tatsächlich wahr sein könnte. Anfang des 17. Jahrhunderts soll ein Dorfmädchen ausgerechnet vom örtlichen Pfarrer ermordet und in einen der Tiefbrunnen geworfen worden sein. Die Leiche wurde nur gefunden, weil der Hund des Mädchens sich nicht vom Brunnenschacht entfernte. Schließlich biss der Hund bei der nächsten Gelegenheit den Pfarrer unvermittelt in die Kehle, sodass dieser binnen Minuten verblutete – und zuvor sein schreckliches Geheimnis preisgab.

Heute ist Pollingsried eine stille Waldlichtung, friedlich, aber auch irgendwie unheimlich …

Adresse Kapelle Sankt Georg, 82402 Seeshaupt-Pollingsried | **Anfahrt** A 95, Ausfahrt Penzberg-Ifeldorf, dann rechts auf der St 2063 nach Seeshaupt, dort links in die Hohenberger Straße abbiegen und dem Straßenverlauf für etwa 4 Kilometer bis zur Abzweigung nach Eichendorf folgen, dort nach links und dem Straßenverlauf für 1 Kilometer folgen, nochmals links und in 350 Metern zum Parkplatz unterhalb des Tradfranzhofes, zu Fuß auf dem Forstweg in östliche Richtung, nach 150 Metern an der Gabelung rechts, noch 300 Meter | **Öffnungszeiten** Kapelle nur von außen zu besichtigen | **Tipp** Bereits als es das Dorf Pollingsried noch gab, konnte man in der Schlossgaststätte Hohenberg einkehren. Die Stube im Stil des 19. Jahrhunderts und der restaurierte Pavillon im Biergarten lassen bei bester bayerischer Küche etwas vom Charme dieser alten Zeit aufleben (Hohenberg 3, Tel. 08801/626, www.schlossgaststaette-hohenberg.com).

101 Auf dem Galgenberg

Tanzende Fräulein zur Sonnwende

Nicht nur bei Nacht, sondern auch bei hellem Tageslicht ist es rund um den Galgenberg auf ganz merkwürdige Weise unheimlich. Nicht aufgrund eines konkreten Geschehens, sondern eher weil hier etwas Ungewisses verborgen zu sein scheint und jederzeit auftauchen könnte. Vielleicht liegt es ja schon allein an dem gruseligen Namen, wobei historische Belege für eine Nutzung als Richtstätte fehlen.

Wenn man durch den Wald am Galgenberg wandert, drängt sich unwillkürlich die Assoziation mit einer mittelalterlichen Befestigungsanlage auf. Das Gebiet ist von einer Vielzahl von Gräben durchzogen, Anhöhen und Plateaus wirken wie Vorburgen, der höchste Punkt scheint geradezu prädestiniert für eine kleine Turmburg.

Eine Besonderheit sind sieben rund um den bewaldeten Gipfel verteilte Findlinge mit einem Durchmesser von jeweils einem guten Meter. Ein achtes, mit einer Länge von über drei Metern besonders großes Exemplar stand einst an der Südflanke des Berges, wurde aber in den 1920er Jahren gesprengt. Geschah dies nur, um landwirtschaftliche Flächen zu vergrößern, oder gab es dafür noch einen anderen Grund? Zumindest sind seitdem die Erzählungen über sieben wilde Fräulein, die rund um die Sonnwendnacht über den Galgenberg getanzt sein sollen, verstummt. So, als habe dieser Spuk mit der Sprengung des Felsens sein Ende gefunden. So, als hätten die sieben Tänzerinnen ihren Meister verloren. Die Geschichte erinnert sehr an die Sagen rund um zu Stein erstarrte Tänzer, die von schottischen Steinkreisen und Schweizer Almen bekannt sind.

Im Sommer 2017 wurde jedoch mehrfach über seltsame Frauen berichtet, die an späten Juniabenden am Galgenberg gesehen wurden. Ob es wohl etwas damit zu tun hat, dass bei Bauarbeiten zur Starnberger Umgehungsstraße im Herbst des Vorjahres ein großer Findling entdeckt und wie als Ersatz für den gesprengten Stein am Fuße des Galgenbergs aufgestellt wurde?

Adresse Galgenberg, 82319 Starnberg-Hadorf | **Anfahrt** A 952 bis Autobahnende in Starnberg, weiter auf der B 2 bis zur Söckinger Straße, dort rechts und dem Straßenverlauf bis zur Andechser Straße in Söcking folgen, hier rechts und gleich links in die Hadorfer Straße abbiegen, nach 2,4 Kilometern am Beginn des Maurerbergs parken und auf dem Feldweg gegenüber zum Wald am Galgenberg gehen | **Tipp** Besonders empfehlenswert ist ein Besuch nicht nur zur Sonnwendzeit, sondern bereits Ende April, wenn auf der Südseite des Galgenbergs die seltene Echte Schlüsselblume (Primula veris) blüht. Die leuchtend gelbe Blume steht unter Naturschutz!

102 __ Auf dem Karlsberg
Wo die Geisterfräulein erscheinen

Einst muss der Karlsberg einer der spektakulärsten Orte im Münchner Umland gewesen sein. Eine Siedlung namens München gab es damals allerdings für Tausende von Jahren noch nicht, damals, auf dem Höhepunkt der letzten Eiszeit, als sich der Abfluss des großen Würmgletschers genau unterhalb des 633 Meter hohen Berges in der heutigen Würmklamm befand. Wie ein Schweizer Käse ist das Nagelfluhgestein hier von einer Vielzahl kleiner Höhlen durchzogen.

Bereits in römischer Zeit befand sich auf dem Karlsberg ein Signalturm, der Teil einer Meldekette entlang der wichtigsten Römerstraßen war. Karl der Große könnte hier geboren sein, und drei verwunschene Schlossfräulein sollen hier einst gelebt haben. Nachweislich befand sich auf dem Karlsberg ab dem 12. Jahrhundert eine Burg, die jedoch schon im 16. Jahrhundert völlig abgetragen wurde. Heute breitet sich dichter Buchenwald über das Gipfelplateau, dessen Blätter auch die letzten Reste der ehemals stolzen Festung verbergen. Deutlich zu erkennen ist jedoch die tiefe Grube, in der sich einst der Burgfried befunden hat und unter dem sich der Zugang zu einer Höhle befunden haben soll, die bis in die tiefsten Tiefen der Burg hinunterreicht. Heute ist der Zugang verschüttet, bewacht wird er von den drei Geisterfräulein der Karlsburg.

Es sind zwei weiße Fräulein, nur eine ist zur Hälfte schwarz. Sie warten darauf, dass sie von einem tapferen jungen Mann erlöst werden. Der bekanntesten Überlieferung nach sind sie vor vielen Jahren einem Müllerburschen der Gautinger Reismühle erschienen, versprachen ihm für ihre Erlösung große Reichtümer und führten ihn in einen tiefen Gang. Leider ergriff der Jüngling angesichts der fürchterlichen Schrecken, die ihn dort erwarteten, die Flucht, und die Fräulein blieben unerlöst zurück. Seitdem sollen sie noch oft auf der Karlsburg gesehen worden sein, vor allem am Vorabend des Weihnachtstags.

Adresse Karlsberg und Burgstall Karlsburg, 82319 Starnberg-Leutstetten | **Anfahrt** A 952 bis Autobahnende Starnberg, nach 470 Metern rechts in die Gautinger Straße / St 2063 und dem Straßenverlauf für 4 Kilometer bis zur Abzweigung Golfplatz Gut Rieden folgen, rechts befindet sich eine Parkbucht, rechts einen ansteigenden Waldweg hinaufgehen, nach 150 Metern links und auf einem schmalen Pfad auf das Gipfelplateau der Karlsburg | **Tipp** Unterhalb der Karlsburg in Leutstetten befindet sich die Schlossgaststätte Leutstetten, beste bayerische Küche wird im Sommer noch durch einen gemütlichen, kleinen Biergarten getoppt! (Altostraße 11, www.schlossgaststaette-leutstetten.de)

103__An der Würmbrücke

Vom schwarzen Pudel und der Mooskuh

Bei manchen Spukgestalten ist es wirklich ein Glücksfall, dass sie seit Jahrzehnten nicht mehr gesehen wurden. So etwa der schwarze Hund von Percha. Sein Erscheinungsort soll einst eine beschaulich knarzende Holzbrücke gewesen sein, würde er noch an derselben Stelle erscheinen, stünde er heute auf dem Mittelstreifen der Autobahn A 952 – bestenfalls.

Die Brücke von Percha ist weltlich, aber geistlich ein bedeutender Übergang: Genau hier treffen die Bistümer Freising und Augsburg aufeinander. Im Mittelalter galt die Siedlung Perchach den Freisingern als Bollwerk gegen die Augsburger Konkurrenz um kirchliche Macht und Geld.

Jede Nacht zur Geisterstunde soll der schwarze Pudel erschienen sein. Mit feurigen Augen und einer rasselnden Kette habe er jedem, der zu dieser Stunde die Brücke hätte passieren wollen, den Übergang verweigert. Wer zu später Stunde dennoch von Osten her nach Starnberg gelangen wollte, der musste einen Umweg durch das Leutstettener Moos auf sich nehmen. Doch auch hier lauerten unheimliche Gestalten. Gar schauerlich soll die Mooskuh gebrüllt haben, mit so durchdringendem Schrei, dass manch nächtlicher Wanderer es nicht mehr ertragen konnte, das leidende Tier suchen wollte und im Moor versank. Noch heute ist die vermeintliche Mooskuh in Frühsommernächten zu hören – es ist der Balzruf der Rohrdommel. Und sind auch Moore nicht mehr als unheimliche Landschaften gefürchtet, so ist es noch immer gefährlich, das Leutstettener Moos abseits der Pfade zu betreten.

Ist die Mooskuh damit zwar als reale Gestalt entlarvt, bleibt der schwarze Pudel ein Rätsel. Vor allem seit sich neuerdings Berichte von Kanufahrern häufen, die bei nächtlichen Fahrten auf der Würm kurz vor der Autobahnbrücke am Ufer einen großen dunklen Hund mit leuchtenden Augen und gefletschten Zähnen gesehen haben wollen, der sie am Landen gehindert habe.

Adresse Würmbrücke an der Münchner Straße, 82319 Starnberg-Percha | **Anfahrt** A 952, Ausfahrt Percha, in der Ausfahrt auf die Heimatshausener Straße abbiegen und bis zum Parkplatz am Sportplatz fahren, zu Fuß 600 Meter in westliche Richtung bis zur Würm | **Tipp** Von der Parkmöglichkeit am Sportplatz in Percha führt ein beschildeter Wanderweg durch das Leutstettener Moor zu einer rekonstruierten römischen Villa rustica mit original erhaltener Fußbodenheizung.

104 Beim Kreuz am Wald

Ein kalter Hauch erinnert an den weißen Terror

Eine wirklich manifestierte Spukgestalt gibt es nicht am Waldrand bei Wangen. Dennoch ist es einer der unheimlichsten Orte rund um den Starnberger See, der auch zufälligen Passanten auffällt. Immer wieder kann man beobachten, dass vor allem in den frühen Abendstunden Radler erst am Kreuz vorbeifahren, abbremsen, umkehren, absteigen, die Inschrift auf dem Gedenktäfelchen lesen, sich unter verstohlenem Umherblicken schütteln und dann eiligst ihrer Wege fahren.

So beschaulich sich der in die waldbestandene Moränenhügellandschaft eingebettete Moosanger auch präsentiert, in der ersten Hälfte des 20. Jahrhunderts geschah hier ein grausamer, bis heute ungesühnter Mord. Er war der Auftakt zur Terrorherrschaft verschiedener »Weißgardisten« genannter, rechtsextremer Freikorps im Frühjahr 1919 in und um München, die insgesamt rund 1.000 Menschenleben kosten sollte. Ende April marschierten Angehörige des berüchtigten Korps Epp in Starnberg und den umliegenden Orten ein, durchkämmten diese nach politischen Gegnern und verhängten eine Ausgangssperre.

Von dieser wusste die Wangener Professorengattin Sophie Banzer nichts, als sie in den Abendstunden des 30. April auf dem Heimweg von der (heute nicht mehr existierenden) Gastwirtschaft Wildmoos zu ihrem nur 500 Meter entfernten Haus auf der Albertshöhe war. Von einem Bauchdurchschuss getroffen, stirbt sie noch in derselben Nacht.

1920 lässt der Witwer am Ort der Bluttat ein Gedenkkreuz errichten, dessen rückwärtige Inschrift von 25 Jahren glücklicher Ehe und von tiefer Trauer erzählt. Um das Kreuz rankt sich ein rot blühender Rosenbusch, eine kleine Betbank lädt ein, in Gedanken an das Mordopfer Platz zu nehmen. Doch wer dies tut, wird unmittelbar einen eiskalten Hauch verspüren. Ist es der Geist der Toten oder die Erinnerung an die dunklen Zeiten, für die die Mörder der Sophie Banzer damals die Wegbereiter waren?

Adresse Waldrand am Moosanger, 82319 Starnberg-Wangen | **Anfahrt** A 952, Ausfahrt Percha, nach links auf die St 2065 nach Wangen abbiegen, in der Ortsmitte links in die Wildmoosstraße abbiegen und dem Straßenverlauf für 1,6 Kilometer bis zum Waldrand folgen | **Tipp** In der Dorfmitte von Wangen befindet sich der über 100 Jahre alte Dorfladen, in dem man alles für den täglichen Bedarf kaufen kann. Kreidetafeln weisen auf die Tagesangebote hin (Wildmoosstraße 7, Öffnungszeiten Mo–Fr 8–12 und 15.30–18 Uhr, Sa 7.30–12 Uhr).

105—Am Neufarner Berg
Wo die Feuermännlein hausen

Einmal im Jahr dürften sich die hilfreichen Geister, die verschiedenen Erzählungen und Legenden nach die kleine Anhöhe östlich von Neufarn besiedeln, so ganz in ihrem heißen Element fühlen: Wenn die Flammen des von der Neufarner Jugend ausgerichteten Sonnwendfeuers hoch in den Nachthimmel lodern, haben die Feuermännlein wohl die größte Freude aller Anwesenden. Kleine, hilfreiche Geister sollen diese Anderweltwesen sein, die bei Tag und Nacht die Gegend bevölkern.

Dass sich nachts aber Menschen auf »ihrem« Berg befinden, dürfte entsprechend den Überlieferungen für die dort ansässigen Feuermännlein äußerst ungewöhnlich sein.

Vordem galt die Anhöhe gerade bei Dunkelheit als ein höchst unheimlicher Ort. Was vermutlich auch daran lag, dass sich direkt auf seinem höchsten Punkt bis zum Jahre 1860 ein Galgen befand.

Bei Tageslicht sollen die Feuermännlein nicht halb so erschreckend sein wie bei Nacht: In der Dunkelheit ist ihre Gestalt deutlich sichtbar in züngelnde Flammen getaucht, untertags hingegen, wenn sie sich den Fuhrleuten auf der belebten Salzstraße von Reichenhall nach Augsburg zeigten, fehlte dieser deutliche Lichtschein. Die Fuhrleute hatten nichts gegen die kleinen Wesen, immer wieder soll es geschehen sein, dass eines der Männlein auf das Handross eines allzu schwer beladenen Fuhrwerks sprang und den Wagen sicher geleitete, bis die Kuppe des Berges erreicht war. Dann bekam der Fuhrmann seine Peitsche zurück, auf deren Griff die Finger des freundlichen Feuermännleins als Beweis seines Lotsendienstes eingebrannt waren.

Neigte sich der Tag aber schließlich dem Abend zu, waren die Feuermännlein nur mehr als herumspringende Funken zu sehen, die den Fuhrleuten nicht mehr helfend zur Seite standen. Bei Dunkelheit erschreckten sie die Zugtiere so sehr, dass manches schwere Fuhrwerk wegen durchgegangener Rösser verunglückte.

Adresse Neufarner Berg, 85646 Vaterstetten-Neufarn | Anfahrt A 94, Ausfahrt Parsdorf, in Parsdorf auf der Münchner Straße nach Neufarn, dort in der Ortsmitte links auf die Poinger Straße und gleich rechts in den Berglackerweg einbiegen, zu Fuß auf der Verlängerung des Weges direkt auf die Anhöhe des Neufarner Berges hinauf | Tipp Besonders schön ist ein Spaziergang über den Neufarner Berg bis zum kleinen Weiler Forschkern auf dessen Nordseite, dort befindet sich eine kleine Kapelle aus dem Jahr 1861. Sie ist so idyllisch gelegen, dass sie manch Idee zu einer romantischen Spukgeschichte gibt …

106 __ Auf dem Purfinger Friedhof

Eine Näherin fordert die Geister heraus

Auch diejenigen Menschen, die im Allgemeinen nicht an Spukgeschichten und Gespenster glauben, vermeiden es wenn möglich, nachts, noch dazu zur Geisterstunde, über einen Friedhof zu gehen. Solch ein Gang hinterlässt einfach ein ungutes Gefühl, was vermutlich an den unzähligen Schauergeschichten liegt, die über Generationen immer wieder erzählt werden.

Hatte die junge Näherin noch nie von diesen Geschichten gehört, oder war sie einfach mit ihren Gedanken ganz woanders, als sie mitten in der Nacht den Friedhof an der Kirche überquerte? Vielleicht war sie bei einem Rendezvous gewesen, von dem sie unbemerkt ins Dorf zurückkehren wollte. Welchen Grund hätte sie gehabt, zu dieser Stunde über den Friedhof ins Dorf zu gehen? Die Straßen nach Neufarn und Anzing führen unterhalb der Kirche vorbei.

Sie hatte erst drei Schritte auf dem knirschenden Kies gemacht, als ihr ein Geist in Frauengestalt erschien. Deutlich konnte sie die bleichen Rippen unter dem weißen Leinenkleid erkennen, als der Geist den Arm hob und ihr mit dem Finger drohte. Als wäre das noch nicht schlimm genug, begannen gleichzeitig die Grabkreuze rundum zu wackeln, als ob sie in einem von Geisterscharen verursachten Sturm stünden.

Wie von wilden Furien gehetzt hastete die junge Frau zu ihrer Unterkunft, wo sie die Türe hinter sich verriegelte und sich angstschlotternd in ihrem Bett versteckte. Als sie am nächsten Morgen aufstand, war ihr schönes braunes Haar über Nacht schlohweiß geworden. Jahre vergingen, da erkrankte die Näherin an dem gleichen Tag des Jahres, an dem sie einst den Friedhof überquert hatte. Unfähig, einen Fuß vor das Bett zu setzen, blieb sie dort den ganzen Tag liegen – und schrie plötzlich auf: Unzählige Totenköpfe sahen zum Fenster herein.

Am nächsten Tag war sie tot.

Adresse Friedhof an der Kirche Sankt Laurentius, Neufarner Straße 15–19, 85646 Vater-stetten-Purfing | **Anfahrt** A 94, Ausfahrt Parsdorf, in Parsdorf auf der Münchner Straße nach Neufarn, dort in der Ortsmitte rechts in die Purfinger Straße einbiegen, Kirche und Friedhof befinden sich nach 2,2 Kilometern am Ortseingang | **Öffnungszeiten** immer tagsüber | **Tipp** Der Gasthof Purfinger Haberer gehört zu den besten bayerischen Gasthäusern im Umkreis, wird als Familienbetrieb seit 1855 in der bereits sechsten Generation geführt und verbindet auf schmackhafteste Weise traditionelle bayerische Küche mit moderner Raffinesse (Neu-farner Straße 20, www.purfinger-haberer.bayern).

107_ Bei Hinterkaifeck

Dreiecksacker, Marterl und ein weinendes Kind

Die Mordtat von Hinterkaifeck gehört zu den abscheulichsten Verbrechen in der Geschichte des Freistaates Bayern. In der Nacht vom 31. März auf den 1. April 1922 wurden alle sechs Bewohner des Anwesens brutal erschlagen, bis heute ist der Fall nicht aufgeklärt. Der Polizei bot sich am 4. April ein Bild des Grauens, als sie im Stall die Leichen der 35-jährigen Hoferbin und Kriegerwitwe Viktoria Gabriel, deren siebenjähriger Tochter Cäcilia und ihrer Eltern Cäcilia und Andreas Gruber entdeckte. Im Haus lagen die Leichen des zweijährigen Josef Gabriel und der Magd Maria Baumgartner.

Die Ermittlungen verliefen von Anfang an schlampig, es wurden am Tatort nicht einmal Fingerabdrücke genommen. Bald schon stand der Hauptverdächtige fest: Karl Gabriel, Ehemann der ermordeten Viktoria, war gar nicht im Krieg gefallen, sondern sei zurückgekehrt, um die Blutschande zwischen seiner Frau und deren Vater zu bestrafen, so hieß es. Studenten der Polizeihochschule Fürstenfeldbruck konnten jedoch 2007 dessen Bestattung im Winter 1914 auf einem Soldatenfriedhof bei Saint-Laurent-Blangy in Frankreich nachweisen. Die inzestuöse Verbindung scheint jedoch auch im Rückblick gesichert, unklar bleibt nur die Vaterschaft des getöteten Jungen.

Vieles spricht dafür, dass der Mörder die Opfer gekannt hatte, nur die Magd Maria Baumgartner war wohl ein Zufallsopfer. Erst am Nachmittag des Verbrechens war sie auf den Hof gekommen, ihre Vorgängerin hatte den Dienst ungewöhnlicherweise unterm Jahr aufgesagt, nachdem sich in mehreren aufeinanderfolgenden Nächten Punkt Mitternacht ihre Kammertüre wie von Geisterhand geöffnet hatte.

Ein Jahr nach den Morden wurde Hinterkaifeck abgerissen, heute erinnern nur noch ein Dreiecksacker, auf dem kaum etwas wächst, sowie ein 100 Meter entferntes Marterl an die Geschehnisse. Und ein weinender blonder Junge, der am Abend des Jahrestags der Bluttat dort stehen soll.

Adresse Hinterkaifeck, 86579 Waidhofen-Gröbern | **Anfahrt** A 9, Ausfahrt Langenbruck, auf der B 300 Richtung Schrobenhausen bis Waidhofen fahren, dort nach rechts auf die Lindenstraße, nach 650 Metern rechts auf die Gröbener Straße und dieser bis Gröbern folgen, in der Ortsmitte parken und die Eybergstraße in westlicher Richtung für 700 Meter bis zum Marterl gehen | **Tipp** Das Grab der Mordopfer von Hinterkaifeck befindet sich auf dem Friedhof an der Kirche Mariä Reinigung von Waidhofen (Weiherweg 2), allerdings ohne Köpfe, da diese zu Ermittlungszwecken an verschiedene Wahrsagerinnen übergeben wurden und im Laufe der Jahre verloren gingen.

108_ Bei Maria Hilf in Grünsink

Die unheimliche Marienkapelle

Die Gründung der Kapelle Maria Hilf geht auf einen Vorfall Mitte des 18. Jahrhunderts zurück, als sich ein Jäger im Wald verirrt hatte und befürchten musste, von Wölfen zerrissen zu werden. In seiner Not rief er die Gottesmutter an, ihn zu der ihm bekannten »Grünen Senke« zu führen, von wo aus er seinen Weg wiederfinden würde. Der Flurname dieser Senke bezieht sich auf den ehemals dort befindlichen frühmittelalterlichen Ort Cruvinsinga, der zur Herrschaft des Grafen von Dießen gehörte.

Die Gebete des Jägers wurden erhört. Zum Dank stiftete er später ein Marienbild, das er in einen hohlen Birnbaum in der Senke hängte. Bald darauf entstand zum Bild Maria Hilf im Birnbaum eine rege Wallfahrt, 1763 wurde die Kapelle Maria Hilf geweiht und das Bild vom Birnbaum in die Kapelle überführt. Anders als die typischen Marienwallfahrtsorte entbehrt die Grünsinker Kapelle deren Leichtigkeit. Auf einer kleinen Waldlichtung gelegen, wirkt der Ort beim Näherkommen auch am hellen Tage etwas unheimlich. Besucher berichten von Gänsehautschauern, wenn sie sich allein in der kleinen Kirche aufhalten, Spaziergänger hörten Glockenläuten genau zum Sonnenuntergang – das aber sonst niemand vernommen hat.

Vermutlich liegt es daran, dass es ursprünglich gar kein Marienheiligtum war. Häufig beziehen sich Legenden über Marienbilder in Bäumen auf ehemalige Baumheiligtümer, die damit einen christlichen Deckmantel erhielten. Für die These des vorchristlichen keltischen Heiligtums spricht auch der mittelalterliche Ortsname, der auf das althochdeutsche »gruwison« (grausen, erschrecken) zurückgeht und damit einen grausigen Ort bezeichnet.

Vielleicht aber ist es auch deshalb ein grausiger Ort, weil nachts ein schrecklicher schwarzer Pudel ohne Kopf um die Kapelle herumstreift, wie eine Sage aus dem 19. Jahrhundert berichtet.

224

Adresse Wallfahrtskapelle Maria Hilf, Grünsink 1, 82234 Weßling-Grünsink | **Anfahrt** A 96 Richtung München-Lindau, Ausfahrt Oberpfaffenhofen, auf der St 2349 Richtung Weßling, dort rechts in die Grünsinker Straße abbiegen und bis zur Wallfahrtskirche fahren | **Öffnungszeiten** Die Messnerin im Haus Grünsink 2 öffnet die Kirche auf Anfrage. | **Tipp** Im umliegenden Schluifelder Wald gibt es eine Vielzahl von Sumpflöchern, von denen berichtet wird, dass in ihnen Menschen auf Nimmerwiedersehen verschwunden sind.

109__Im Ampermoos
Erlöste Irrlichter als Weggeleit

Rein physikalisch sind Irrlichter die am einfachsten zu erklärenden Spukerscheinungen. Ihr Leuchten in Sümpfen und Mooren entsteht aufgrund verschiedener biologischer Prozesse wie dem Leuchten des Hallimaschpilzes oder durch die spontane Selbstentzündung von Faulgasen.

Es gibt aber noch eine andere Erklärung, die eher im erweiterten Bereich der Physik von Naturphänomenen angesiedelt ist. Irrlichter gelten als die Seelen verstorbener Kinder, vor allem von Kindern, die von ihrer eigenen Mutter getötet wurden. Erstaunlicherweise wies der französische Chemiker Jean-Baptiste Dumas bereits im 19. Jahrhundert nach, dass die bläulichen Irrlicht-Flämmchen ausschließlich an Orten auftreten, an denen Menschen- oder Tierleichen im Sumpf verwesen, da bei der Zersetzung pflanzlichen Materials der für eine Selbstentzündung benötigte Zusatz von Phosphorwasserstoff fehlt. Dieser entsteht erst aus dem im Knochenmark enthaltenen Phosphor, der Phosphorgehalt von Pflanzen ist dafür zu gering.

Das Ampermoos bei Zolling gilt als eine Gegend, in der besonders viele Irrlichter auftreten. Viele Geschichten erzählen davon, dass Bauern auf ihrem abendlichen Weg durchs Moos auf ein flackerndes Lichtlein getroffen seien. Meist sind die Irrlichter in den Überlieferungen durchaus freundliche Geister. So soll ein Bauer aus Oberzolling bei seinem späten Rückweg von der Moosmühle in einer der zahlreichen Altwasserschleifen der Amper ein blaues Flämmchen gesehen und ihm zugerufen haben: »Der Herr erlöse dich!« Daraufhin schwebte ihm das Licht entgegen, ließ sich auf dem Kopf seines Pferdes nieder und leuchtete ihm den Weg durch die tief hängenden Äste der Erlen. Dann verschwand es für immer.

Vor allem im November, wenn abends die Nebel aus dem Ampermoos aufsteigen, kann man die Irrlichtflämmchen noch heute zwischen Zolling und der Moosmühle beobachten.

Adresse Ampermoos, 85406 Zolling | **Anfahrt** A 92, Ausfahrt Freising-Ost, auf der B 301 in nördlicher Richtung über Marzling nach Zolling fahren, direkt an der Amperbrücke rechts abbiegen, bis zum Weiler Eichenhof die Amper entlang durch das Ampermoos | **Tipp** Im Eichenhof beginnt ein 15 Kilometer langer Rundweg, der auf guten Wegen am Haager Weiher vorbei und durch die Weiler Unterschwaig und Hacklschwaig durch das Landschaftsschutzgebiet Ampermoos führt.

110 An der Breitlache

Die verfluchte Bauerstochter

Völlig unberührt von jedem Wasser fließt heute der Autoverkehr zwischen den Dörfern Palzing und Helfenbrunn. Doch das war nicht immer so. Vor vielen hundert Jahren, so erzählt man sich, habe ein kleiner Bach die Felder der beiden Dörfer voneinander getrennt. Der Weg führte durch eine seichte Furt, wer zu Fuß unterwegs war, musste mit einem beherzten Sprung hinübersetzen.

In Palzing gab es zu dieser Zeit einen Bauernhof, der alle anderen an Größe und Reichtum übertraf; die Tochter des Großbauern war ebenso schön wie kaltherzig. Bei ihren regelmäßigen Gängen nach Helfenbrunn warf sie, ohne mit der Wimper zu zucken, Brotlaibe in die Furt, um trockenen Fußes ans andere Ufer zu gelangen.

Dann kam die Zeit der großen Hungersnöte, als nach vielen Missernten Getreide und Saatgut für viele Menschen zu teuer geworden waren. Auch beim Palzinger Großbauern klopften die Hungernden, doch jedes Mal vergebens. Eine Frau, die die wohlgenährte Bauerstochter gerade mit höhnischen Worten vom Hof gejagt hatte, erhob mit letzter Kraft ihre bleichen Finger und verfluchte das Mädchen. Das aber lachte nur und ging schon am nächsten Morgen wieder hinüber nach Helfenbrunn, wie immer mit einem Laib Brot als Trittstein unter dem Arm. Genau in dem Moment, als sie ihren Fuß auf das Brot in der Furt stellte, gab der Boden nach, und es tat sich eine Erdspalte auf, die den Bach, das Brot und das Mädchen mit sich riss. Schwarze Wasser schlossen sich über eine tiefe Gumpe, die an der Stelle der Furt entstanden war.

In Herbstnächten, wenn der Mond über das Ampertal zieht, soll ein schönes, bleiches Mädchen aus dem dunklen Wasser emporsteigen. Tränen mischen sich mit dem Rinnsal aus ihrem nassen Haar, wenn sie den Blick dorthin richtet, wo einst der große Bauernhof gestanden hat.

Wer sie anspricht, der wird keine Antwort erhalten, doch jeder verspürt ihre tiefe Traurigkeit.

Adresse Breitlache im Wildmoos, 85406 Zolling-Palzing | **Anfahrt** A 9, Ausfahrt Allershausen, auf der Münchner Straße nach Osten bis zur Abzweigung Ampertal-straße / St 2054 fahren, hier links, bis Helfendorf, nach dem Ortsende nach 900 Metern an einer kleinen Feldeinfahrt halten, dem Trampelpfad für 40 Meter nach Süden folgen, dann links über einen jetzt schlechteren Trampelpfad in 100 Metern zur Breitlache | **Tipp** Die frei stehende Sankt-Sebaldi-Kapelle an der St 2054 am Ortsausgang von Helfenbrunn ist rund um München die einzige mit dem Patrozinium des heiligen Sebaldus. Er überquerte Bäche auf seinem Mantel fliegend, rettete Menschen durch wunderbare Brotspeisungen und befreite Geizige von ihrer Habsucht – wie in der Legende um die Breitlache.

111 Am Weißen Berg

Wo die Lange Agnes für ihre Taten büßt

Sanft erhebt sich ein grüner Höhenzug im Norden der Amper-
auen bei Palzing. Seine steile, der verwunschen wirkenden Auenlandschaft zugewandte Flanke ist bis auf einen schmalen Korridor
dicht mit Laubbäumen und Fichten bewaldet. Sie reichen jedoch
nicht bis hinauf auf die Anhöhe mit ihren saftigen Wiesen und
Äckern, die auf der anderen Seite leicht zum Weiler Holzen und
nach Siechdorf hin abfällt. Wer oben steht, kann ein 360-Grad-Pa-
norama über liebliche Weideflächen und Felder, bei guter Sicht sogar bis hin zu den Bergen im Süden, genießen. Ruhevoller kann ein
Ort nicht sein.

Zumindest tagsüber. Denn in jeder Nacht beginnt am Weißen
Berg von Neuem ein höchst gespenstisches Treiben. Vor langer Zeit
soll sich dort eine Burg befunden haben, Burgherrin war eine hoch-
gewachsene, hartherzige Frau, die man nur »die Lange Agnes« nann-
te. Mit eiserner Hand herrschte sie über Gesinde und Bauern, die
bis in die Nacht hinein Schwerstarbeit verrichten mussten, als Lohn
aber nur schwarzes Brot und Wasser erhielten. Wer gegen die Be-
handlung aufbegehrte, wurde schwer bestraft: Agnes ließ ihn in ein
Weinfass stecken, das zugenagelt und von der Höhe des Weißen
Berges aus in die Amper hinuntergerollt wurde, wo der Unglückliche
elendiglich ertrank. Eines Tages war das Maß ihrer Untaten voll gewesen. Zur Geisterstunde entlud sich über der Burg – und nur über
der Burg – ein schweres Gewitter, wie Kanonenschläge schlugen die
Blitze aus dunklen Wolken in das Gemäuer ein, bis es gänzlich in
Flammen stand und mitsamt der Langen Agnes bis auf die Grundmauern niederbrannte.

Doch die böse Frau hatte damit noch keine Totenruhe gefunden.
Nacht für Nacht muss sie seitdem ein schweres Fass den steilen Hügel hinaufrollen, und ist sie fast oben angekommen, entgleitet es ihr
wieder und rollt zurück in den Fluss. So lange, bis die Glocke der
Palzinger Kirche ein Uhr schlägt.

Adresse Weißer Berg, 85406 Zolling-Palzing | **Anfahrt** A 9, Ausfahrt Allershausen, auf der Münchner Straße nach Osten bis zur Abzweigung Ampertalstraße / St 2054 fahren, hier links, dem Straßenverlauf bis Palzing folgen, 600 Meter nach dem Ortsende führt links ein Feldweg auf die Anhöhe des Weißen Berges (Parkmöglichkeit am Straßenrand) | **Tipp** Die schöne barocke Kirche von Palzing ist dem heiligen Georg geweiht, besonders sehenswert ist aber eine Marienstatue aus dem 15. Jahrhundert (katholische Filialkirche Sankt Georg, Kirchstraße 6, geöffnet zu den üblichen Kirchenöffnungszeiten).

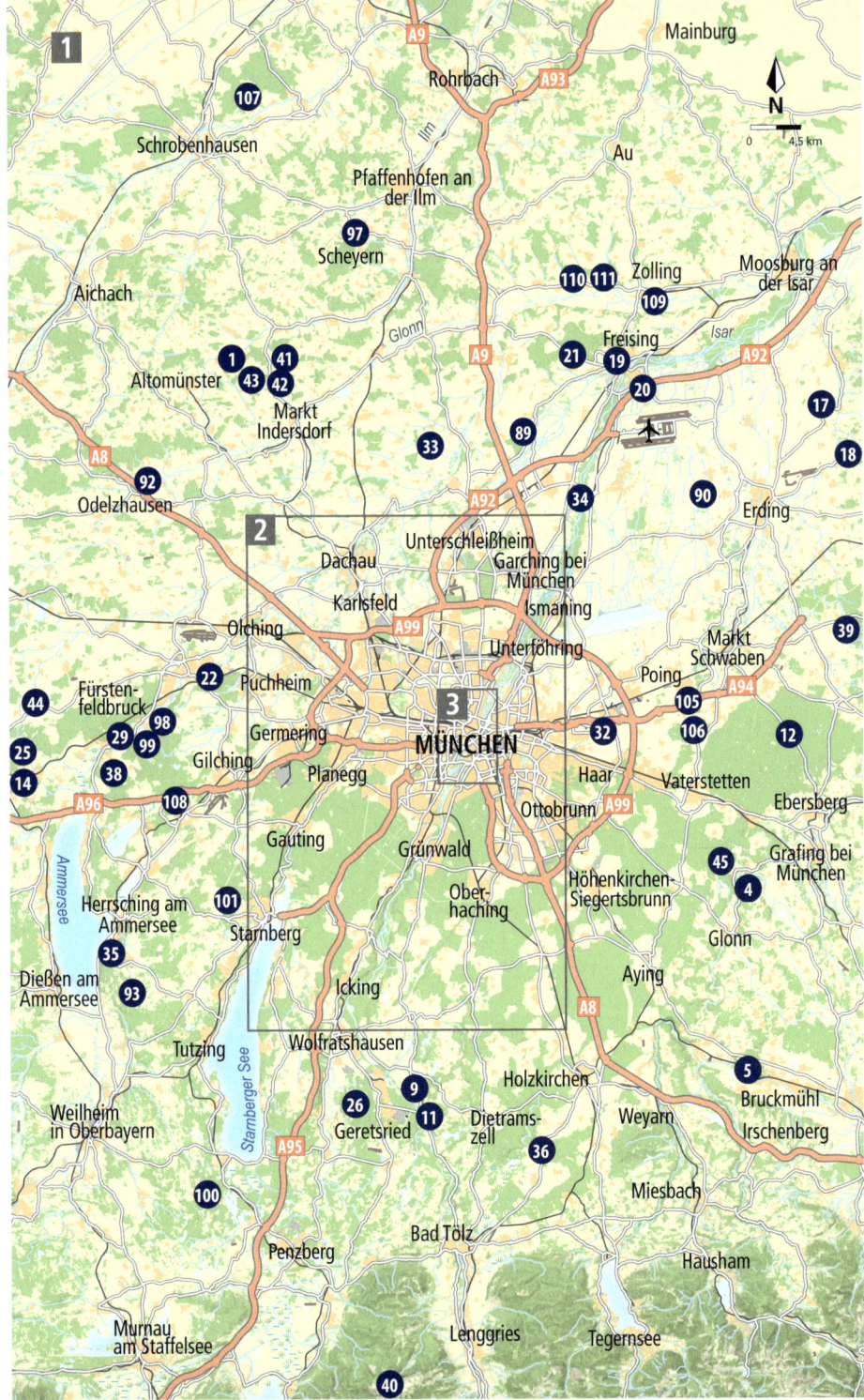

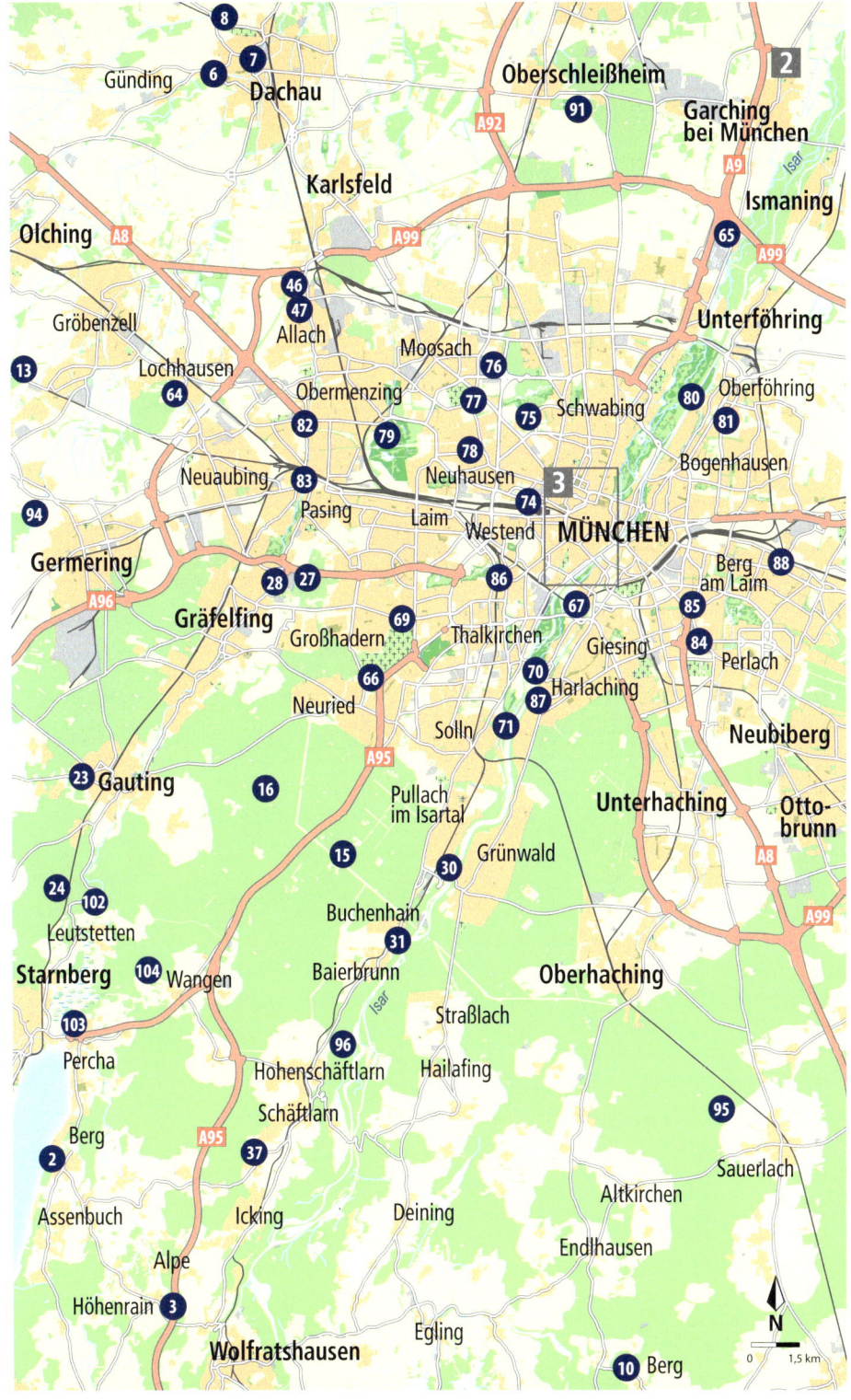

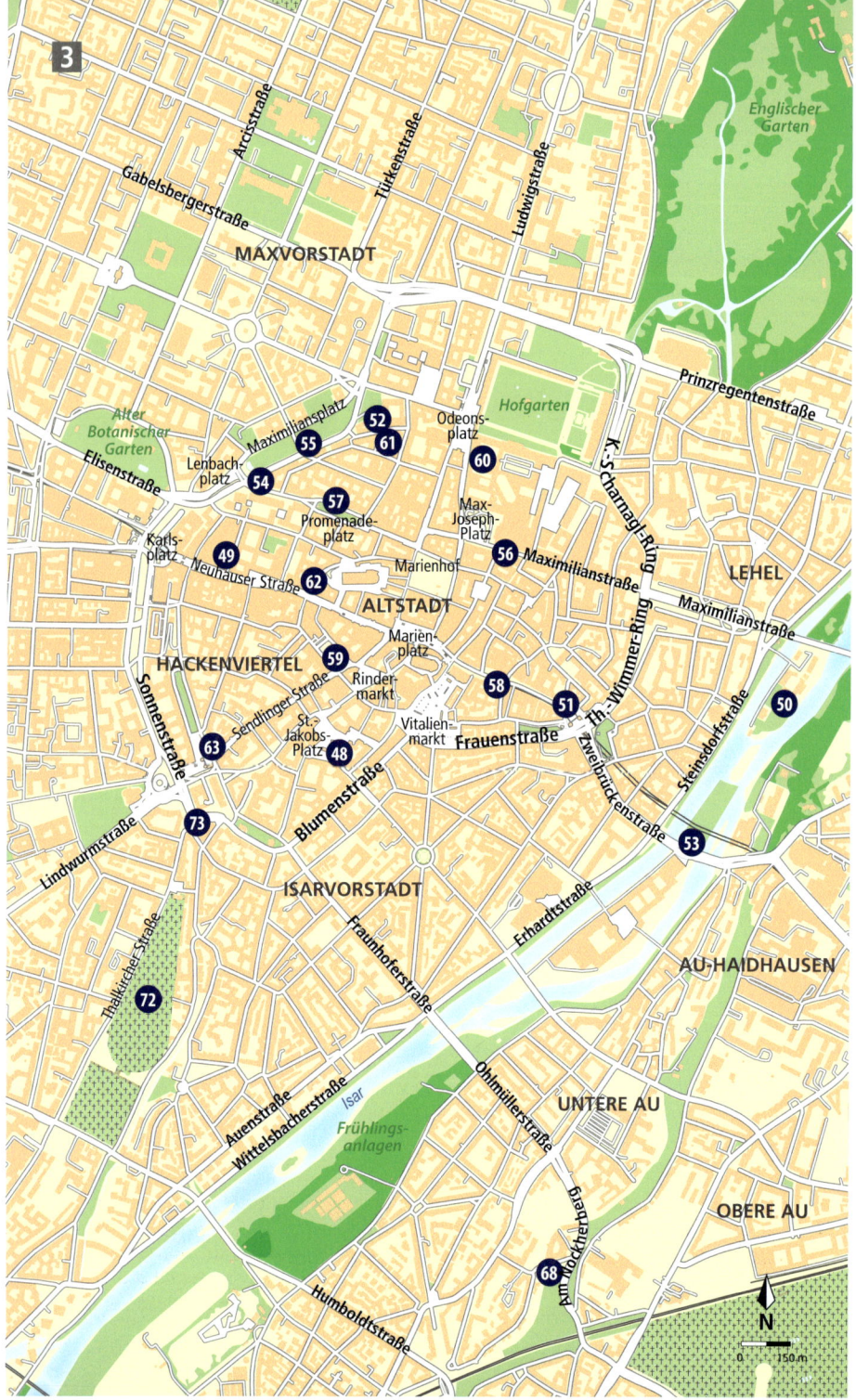

Dorothee Fleischmann,
Carolina Kalvelage
**111 Orte in Budapest, die
man gesehen haben muss**
ISBN 978-3-95451-744-2

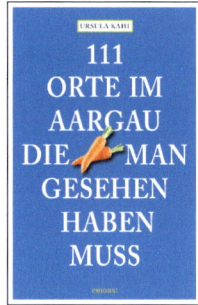

Ursula Kahl
**111 Orte im Aargau, die
man gesehen haben muss**
ISBN 978-3-95451-537-0

Christian Löhden
**111 Orte in Graubünden, die
man gesehen haben muss**
ISBN 978-3-95451-514-1

Dorothea Steinbacher
**111 Orte im Chiemgau, die
man gesehen haben muss**
ISBN 978-3-95451-338-3

Cornelia Lohs
**111 Orte in Bern, die man
gesehen haben muss**
ISBN 978-3-95451-669-8

Giulia Castelli Gattinara,
Mario Verin
**111 Orte in Mailand, die
man gesehen haben muss**
ISBN 978-3-95451-617-9

Ottmar Neuburger,
Lisa Graf-Riemann
**111 Orte vom Wilden Kaiser
bis zum Dachstein, die man
gesehen haben muss**
ISBN 978-3-7408-0138-0

Dorothea Steinbacher
**111 Orte im Chiemgau und
im Rupertiwinkel, die man
gesehen haben muss**
ISBN 978-3-7408-0131-1

Jo-Anne Elikann
**111 Orte in New York, die
man gesehen haben muss**
ISBN 978-3-95451-512-7

Ralf Nestmeyer
111 Orte an der Côte d'Azur, die man gesehen haben muss
ISBN 978-3-95451-563-9

Uwe Ramlow
111 Orte im Tessin, die man gesehen haben muss
ISBN 978-3-95451-840-1

Marion Rapp
111 Schätze der Natur rund um den Bodensee, die man gesehen haben muss
ISBN 978-3-95451-619-3

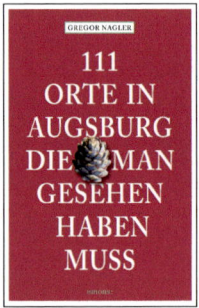

Gregor Nagler
111 Orte in Augsburg, die man gesehen haben muss
ISBN 978-3-95451-598-1

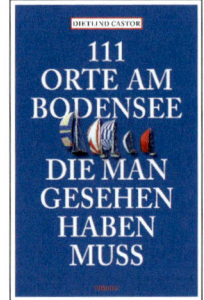

Dietlind Castor
111 Orte am Bodensee, die man gesehen haben muss
ISBN 978-3-95451-063-4

Gerald Polzer, Stefan Spath, Pia Claudia Odorizzi von Rallo
111 Orte im Salzkammergut, die man gesehen haben muss
ISBN 978-3-95451-231-7

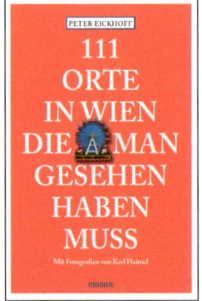

Peter Eickhoff, Karl Haimel
111 Orte in Wien, die man gesehen haben muss
ISBN 978-3-89705-969-6

Christiane Bröcker, Babette Schröder
111 Orte in Stockholm, die man gesehen haben muss
ISBN 978-3-95451-203-4

Marcus X. Schmid, Michel Riethmann
111 Orte in Luzern und rund um den Vierwaldstättersee, die man gesehen haben muss
ISBN 978-3-95451-917-0

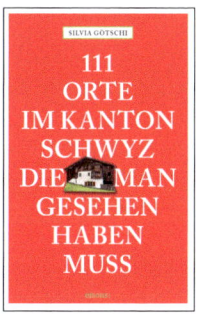

Silvia Götschi
111 Orte im Kanton Schwyz, die man gesehen haben muss
ISBN 978-3-7408-0116-8

Cornelia Ziegler
111 Orte im Allgäu, die man gesehen haben muss
ISBN 978-3-95451-343-7

Stefan Spath
111 Orte in Salzburg, die man gesehen haben muss
ISBN 978-3-95451-114-3

Rüdiger Liedtke
111 Orte in München, die Geschichte erzählen
ISBN 978-3-95451-221-8

Gerald Polzer, Stefan Spath
111 Orte in Graz, die man gesehen haben muss
ISBN 978-3-95451-466-3

Gerald Polzer, Stefan Spath
111 Orte in Oberösterreich, die man gesehen haben muss
ISBN 978-3-95451-857-9

Marx de Morais
111 Orte in Turin und im Piemont, die man gesehen haben muss
ISBN 978-3-95451-736-7

Barbara Krull
111 Orte im Elsass, die man gesehen haben muss
ISBN 978-3-95451-596-7

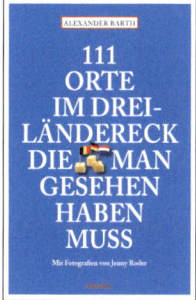

Alexander Barth, Jenny Roder
111 Orte im Dreiländereck, die man gesehen haben muss
ISBN 978-3-95451-316-1

Rike Wolf
111 Orte in Hamburg, die man gesehen haben muss
ISBN 978-3-89705-916-0

Rüdiger Liedtke
111 Orte auf Mallorca, die man gesehen haben muss
ISBN 978-3-89705-975-7

Lucia Jay von Seldeneck,
Verena Eidel, Carolin Huder
111 Orte in Berlin, die man gesehen haben muss
ISBN 978-3-89705-853-8

Astrid Süßmuth
111 Orte im Werdenfelser Land, die man gesehen haben muss
ISBN 978-3-7408-0118-2

Lucia Jay von Seldeneck,
Verena Eidel, Carolin Huder
111 Orte in Berlin, die man gesehen haben muss
Band 2
ISBN 978-3-95451-207-2

Silvia Schaub
111 Orte im Engadin, die man gesehen haben muss
ISBN 978-3-7408-0115-1

Bernd Imgrund,
Britta Schmitz
111 Kölner Orte, die man gesehen haben muss
Band 1
ISBN 978-3-89705-618-3

Bernd Imgrund,
Britta Schmitz
111 Kölner Orte, die man gesehen haben muss
Band 2
ISBN 978-3-89705-695-4

Mercedes
Korzeniowski-Kneule
111 Orte in Basel, die man gesehen haben muss
ISBN 978-3-95451-702-2